Trudi Thali

Die 8 Wege Jesu
zum Glück

TRUDI THALI

DIE 8 WEGE JESU
ZUM GLÜCK

Inspirationen aus
der Bergpredigt

Parallel zu diesem Buch ist eine CD erschienen,
auf der Trudi Thali geführte Meditationen
zu den Seligpreisungen – unterlegt von Musik – spricht:
Die 8 Wege Jesu zum Glück
Inspirationen aus der Bergpredigt
Meditation und Musik
Bestell-Nr. 978-3-9523206-1-7

Bibliografische Information der Deutschen Nationalbibliothek:
Die Deutsche Nationalbibliothek verzeichnet diese Publikation
in der Deutschen Nationalbibliografie; detaillierte bibliografische
Daten sind im Internet über http://dnb.dnb.de abrufbar.

Erstauflage 2003 im Kösel-Verlag, München
Neuauflage © 2016 Trudi Thali
Abbildungen im Text: Alexandra Fink, CH-8492 Wila
Satz, Umschlaggestaltung, Herstellung und Verlag:
BoD – Books on Demand

ISBN: 978-3-7386-8040-9

Inhaltsverzeichnis

Vorwort

Wir alle sehnen uns gerade in der heutigen Zeit nach geistiger Nahrung, nach Nahrung für die Seele. Nahrung für die Seele erleben wir dann, wenn sie uns mit Lebensfreude und Lebensenergie erfüllt und uns glücklich macht. Es mag sich die Frage stellen, ob es angebracht ist, über Glückseligkeit in einer Zeit nachzudenken, wo wir täglich mit Meldungen über weltweite Katastrophen, Krisen und Kriege konfrontiert werden. In fast allen Lebensbereichen belasten Unsicherheit und Veränderungen den Alltag; wir sind gezwungen, über den eigentlichen Sinn des Lebens nachzudenken. Mehr denn je befinden wir uns in einer Zeit der Besinnung auf die bleibenden, die echten Werte – Werte, die uns innere Stabilität verleihen.

Gerade in unserer Zeit, in der Hektik und Unsicherheit die Quelle von Lebensfreude bei unzähligen Menschen zugeschüttet haben, wächst ein Verlangen nach Ruhe und Heilung. HEILUNG BEDEUTET NACH MEINER ERFAHRUNG EINE UNBEHINDERTE DURCHSTRÖMUNG DES KÖRPERS UND DER SEELE MIT LICHT UND LEBENSKRAFT, EINE ÖFFNUNG ZUM KOSMISCHEN CHRISTUSLICHT. Echte Lebensfreude ist eine verfeinerte, erhöhte Schwingung, die mit dem schöpferischen Gotteslicht in harmonischer Resonanz klingt. Die tiefe Sehnsucht nach diesem beglückenden Einklang mag wohl jene Kraft sein, die uns auf der »Suche« nach Glückseligkeit und spirituellen Erfahrungen antreibt.

Dieses Ringen um Glückseligkeit ist ein innerer Weg. Jeder Einzelne von uns kann sein Bewusstsein durch Meditation, liebevolles Denken und Handeln erweitern und wird belohnt durch eine verstärkte Lichtdurchströmung. Das Gesetz des kosmischen Lichtes heißt ganz einfach *Liebe*. Die Suche des Menschen nach dem Göttlichen ist Kern aller Religionsgemeinschaften. Insbesondere die östlichen Lehren des Buddhismus, Taoismus oder Hinduismus bieten gute Möglichkeiten, durch Meditationstechniken den Weg zur geistigen Dimension im eigenen Inneren zu entdecken und das eigene Bewusstsein zu erforschen. Auch ich bin diesen Weg gegangen und habe durch Meditation und Stille unvergessliche Erlebnisse mystischer Art erfahren dürfen. Nach und nach entdeckte ich die kostbaren Inhalte unserer *eigenen* spirituellen Wurzeln, so wie sie überliefert sind im Alten und im Neuen Testament. In den Botschaften der Bibel fand ich eine Fülle von spirituellen Wegweisungen. Insbesondere das Herzstück des Neuen Testamentes, die überlieferten Worte Jesu mit den *Seligpreisungen der Bergpredigt*, beinhalten zeitlose Wahrheiten und ethische Grundregeln für Heilung und Glückseligkeit. Zu meiner großen Freude erschlossen sich mir hier acht fundamentale Regeln für ein glückliches Leben.

Übersetzt aus dem Aramäischen, der Sprache, die Jesus gesprochen hat, umfasst das Wort *selig* die Grundlage für eine glückliche, heilsame Lebenseinstellung. Echte Glückseligkeit zielt nicht auf die Befriedigung irdischer Wünsche oder meint ein Jagen nach Erfolg und Geld:

Sie ist vielmehr eine innere Heiterkeit, basierend auf einer vertrauensvollen Lebensfreude. IN DEN ACHT SELIGPREISUNGEN FAND ICH LIEBEVOLLE BELEHRUNGEN, WIE GESUNDHEIT UND WOHLBEFINDEN VON INNEN HERAUS WIEDERERLANGT UND ERHALTEN BLEIBEN KÖNNEN. Die Worte der Seligpreisungen zeigten sich mir bald als die innigste und schönste Liebeserklärung Gottes an uns Menschen. In ihnen sehe ich eine Zusammenfassung aller Lebensregeln für innere Harmonie und Glückseligkeit.

Immer wieder, so stellte ich fest, zielen die Belehrungen Jesu auf ein aufmerksames Betrachten des eigenen Bewusstseins und des inneren Zustandes. Dieses unabhängige, aufmerksame Betrachten und Erkennen des eigenen seelischen Zustandes zieht sich wie ein roter Faden durch seine Weisungen. Nicht äußere Regeln sind das Entscheidende; vielmehr soll jeder Gedanke, sollen alle Gefühle und Absichten von Liebe und Güte getragen werden: Denn sie sind es, die maßgebend sind für das eigene Glück und ein glückliches Zusammenleben in der Gemeinschaft.

Offenbar spielt die Zahl acht eine wichtige kosmische Rolle für Glückseligkeit in unserem irdischen Leben. In mittelalterlichen Darstellungen wird die Göttin *Fortuna* häufig mit einem achtspeichigen Rad dargestellt. Das Glücksrad mit acht Speichen war in den meisten vergangenen Kulturen ein uraltes Glückssymbol. Wir finden die Acht beispielsweise auch als Achteck in der Form von Taufbecken, in der Architektur von Kathedralen und in vielen Darstellungen, die auf eine Rückkehr zur göttlichen Einheit hinweisen.

Vishnu, eine bedeutende Gottheit des Hinduismus, hält mit acht Armen die Welt zusammen: Er bildet die Weltachse und wird als Symbol der göttlichen Liebe und als Erhalter und Bewahrer der Weltenschöpfung verehrt. Manchmal wird er mit seiner Gefährtin *Lakshmi*, der Göttin der Schönheit und des Glücks dargestellt.

Auch von *Buddha* gibt es Abbildungen und Statuen, die ihn mit acht Armen zeigen. Acht edle Pfade zu einem glücklichen, erleuchteten Dasein sind der Kern seiner Lehren. Als Symbol der Erlösung vom Leiden finden wir auch hier ein Rad mit acht Speichen. Die Einhaltung des achtfachen Pfads der Tugenden verheißt im Buddhismus Glückseligkeit und Erleuchtung.

Im alten China entstand der *Taoismus* – ein Weg zu innerem Gleichgewicht und zum Ergründen der Geheimnisse des Lebens aus innerer Stille heraus. Auch hier kam der Acht eine glückvolle und geradezu magische Bedeutung zu: Im altchinesischen Weisheitsbuch »I Ging« stoßen wir auf die wichtige Bedeutung der Zahl acht, aus der alle Wandlungen, Schicksale und Prozesse des irdischen Daseins entstehen. Acht mal acht Zeichen bilden die insgesamt 64 Hexagramme und bedeuten gleichsam die Fülle aller Möglichkeiten des Daseins. (Heute entdecken wir, dass diese Zahl 64 in unserem genetischen Code DNS enthalten ist und einen einheitlichen Bauplan jeglichen Lebens darstellt.)

Auch in mittelalterlichen Darstellungen findet sich die Acht – wie beispielsweise in der Kathedrale von Siena:

Dort ist ein wunderschönes, achtspeichiges Glücksrad auf dem Boden abgebildet, umrahmt von den vier Evangelisten.

Die tiefste Bedeutung der Zahl acht liegt wohl darin, dass sie für Unendlichkeit steht: Als liegende Acht bilden die beiden Kreise zusammen die *Lemniskate*, das Symbol für Unendlichkeit.

Unsere Seele ist unendlich, und an diese unsere Seele richten sich die wunderschönen Worte der acht Seligpreisungen der Bergpredigt. Es sind Worte tiefer Liebe, und sie möchten aufzeigen, wie die Macht Gottes in uns wirken und uns zu wahrer Glückseligkeit verhelfen kann. Es sind liebevolle Worte, die alle Regeln der Ethik enthalten und uns mit schlichten Worten belehren, unter welchen Bedingungen die Seele offen und bereit ist für tiefe Freude und Wonne. In ihnen spiegeln sich Ethik und Gebote und tiefste Achtung vor dem Leben. DIESE ACHT SÄTZE LEGEN UNS EINEN SCHLÜSSEL ZUM GLÜCK IN UNSERE HERZEN. Sie laden uns ein, durch Aufmerksamkeit und Betrachten der eigenen Motivation innerlich zu wachsen und uns selbst zu erkennen. Durch Vertiefung in den reichen Inhalt der Seligpreisungen wächst die vertrauensvolle Erkenntnis, dass sich die Lebensumstände von innen heraus zum Besseren verändern. Es reift zudem die heilsame Erkenntnis, dass wir mit den Vorstellungen und Gedanken in der Lebensgestaltung kreativ integriert und kräftig mitzuwirken in der Lage sind, denn die Seligpreisungen legen uns die wesentlichen Gesetze zur Vervollkommnung unseres Wesens in unsere eigenen

Hände – und somit die unerschöpfliche Möglichkeit für echtes Glücksgefühl, für seelischen Frieden und innere wie äußere Harmonie. Und Harmonie im Inneren schafft ganz von allein Harmonie in den äußeren Angelegenheiten, denn unsere Lebensumstände sind ein geheimnisvoller Spiegel unseres Seeleninhaltes!

Glücklicherweise fühlen viele von uns – trotz Terror, Hass, Hektik und Unruhe dieser Zeiten – die leisen Auswirkungen einer enormen inneren Transformation. Langsam scheint sich der Schleier vor der geistigen Dimension in unserem Bewusstsein zu lüften. Wir sind ja multidimensionale Wesen, sind mit dem Körper in der dichten Schwingung der Materie und mit dem Geiste in der unsichtbaren Lichtwelt eingebettet. Wir fühlen, dass die Erde nicht getrennt ist vom Himmel und der Himmel nicht von der Erde. Durch meditative Übungen und tiefes Verlangen nach dem geistigen Hintergrund sind viele von uns bereits sensitiver geworden und fühlen immer besser die geistige Verbindung mit der lichtvollen Welt der Engel und mit dem hoch schwingenden Christuslicht. Dieses Licht vereint und verbindet uns liebevoll in einem immensen Strahlenleib. Wir fühlen unseren feinstofflichen Energiekörper und die Lebensströme oder Lichtbahnen in unserem Körper. Wir fühlen, wenn wir uns meditativ versenken, dass wir umgeben sind von einer leuchtenden Aura, die der Atem Gottes ist. Dieser Lichtkörper umhüllt uns liebevoll und durchdringt den Körper als strömende Lebenskraft. Die Seligpreisungen nun lehren uns, wie wir den Atem Gottes rein erhalten und keine Trübungen erzeugen. Damit verbunden ist Heilung der Seele und des Körpers. Heilung und Heiligkeit wächst aus der Harmonie mit dem Strom der kosmischen Weisheit und Kraft und schenkt zudem ein glückliches Leben – jetzt und über das irdische Leben hinaus. Wir erkennen, dass alles Sichtbare und Unsichtbare Gott ist, dass wir in Gott leben und im Geiste nicht getrennt sind.

Echte Heilung verlangt künftig eine erneute Annäherung von Medizin und Theologie. Dabei muss Medizin meines Erachtens wieder geistiger und Theologie wieder körperlicher werden. Wir leben im Licht, und das Licht möchte ohne Behinderungen den Körper mit allen Organen und Zellen als intelligente Lebenskraft durchströmen und damit zugleich Frieden und Glückseligkeit in die Seele ergießen. Verborgen in den acht Seligpreisungen liegen die heilbringenden Bedingungen für eine solche harmonische Lichtdurchflutung.

Auf einer Reise durch Israel, das Land der Bibel, sind mir die acht Sätze der Seligpreisungen tief in mein Herz eingeprägt worden, und ich bin auf die neue Interpretation dieser zeitlosen Weisheitssätze von innen heraus vorbereitet worden. Auf dem Berg, wo die Bergpredigt stattgefunden haben soll, hatte ich, voller Ehrfurcht und tief beeindruckt von den Stätten des Wirkens Jesu, jenes spirituelle Erlebnis, das ich ihnen, meine lieben Leserinnen und Leser, am Schluss des Buches beschreibe. Zu Beginn möchte ich Sie auf den Berg der Seligpreisungen führen und teilnehmen lassen an der Betrachtung einer lieblichen Landschaft, die für den

Glauben der Christenheit, des Judentums und des Islam von großer Bedeutung gewesen ist. Dann werde ich Ihnen die acht Seligpreisungen darstellen, so wie ich sie verstanden habe. Innere Erfahrungen geschehen nicht aus dem eigenen Wollen heraus, sie geschehen vielmehr aus dem Geschehenlassen und der inneren Stille und Ruhe. Damit die acht Seligpreisungen daher auch in der eigenen Tiefe erlebt werden können, habe ich zu den einzelnen Abschnitten jeweils einen meditativen Text hinzugefügt, der inneres Erleben ermöglichen soll.

Zudem möchte ich Sie auf die sehr wohltuende, entspannende Möglichkeit hinweisen, die Seligpreisungen in aller Stille als Meditation nur zu hören. Ich habe dazu geführte Meditationen mit musikalischer Untermalung auf CD (»Die acht Wege Jesu zum Glück. Inspirationen aus der Bergpredigt. Meditationen mit Musik«) geschaffen. So werden Buch und Meditations-CD zu einer wahren geistigen Lichtnahrung.

Einleitung

Ich möchte Sie, liebe Leserin und lieber Leser, nun gedanklich dorthin führen, wo nach der biblischen Überlieferung das Herzstück der Bibel seinen Ursprung hat: auf den Berg, auf welchem Jesus die Bergpredigt hielt. Es ist ein Ort der Verehrung, auch heute noch. Diese Tradition – den Boden, auf dem der jüdische Meister Jesus von Nazareth gelehrt und gelebt hat, zu verehren – trägt sicherlich dazu bei, dass Orte dieser Gegend sich eine besondere Ausstrahlung erhalten haben. Diese liebliche Region um den See Genezareth ist überaus reich an solchen Kraftorten, die wohl seit Jahrtausenden bestanden haben und sicher noch weiter bestehen werden. Auf einer Reise durch das Land der Bibel konnte ich viele Kraftorte spüren. Insbesondere an jenen Orten, wo Jesus lebte und wirkte, fühlte ich eine enorme, liebende Kraftdurchflutung, was mich umso mehr erstaunte, weil doch immerhin zweitausend Jahre verflossen sind. AN DIESEN HEILIGEN ORTEN WURDE MEIN KÖRPER JEDOCH VON EINER MÄCHTIGEN ENERGIE DURCHSTRÖMT UND MEINE SEELE TIEF BEWEGT.

Einer dieser Kraftorte befindet sich auf einem Hügelzug über dem See Genezareth, wo also Jesus, der biblischen Erzählung gemäß, im Kreise seiner Anhänger die Bergpredigt gehalten hat. Als Erinnerung an dieses Ereignis wurde im 19. Jahrhundert vom italienischen Architekten Antonio Barluzzi eine prächtige, *acht*eckige Kirche mit einer runden Kuppel gebaut. Sie steht, weithin sichtbar, auf der Anhöhe in einem der schönsten Gärten des Landes. Im Inneren der Kirche befindet sich ein reich verzierter Altar. *Acht* bunte Glasfenster, versehen mit den Worten der *acht* Seligpreisungen der Bergpredigt, erinnern die Besucher an die verheißungsvollen Worte Jesu. Über das Kircheninnere wölbt sich eine goldene Kuppel und gibt der ganzen Kirche weiten Raum und Höhe. Harmonisch umgeben Säulengänge mit Rundbögen die Kirche. Man kann von hier aus die wunderschöne Gegend betrachten. Der ruhige, prächtige Garten lädt ein, über längst vergangene Tage nachzusinnen.

Ich saß damals still und allein auf einer Bank in jenem Garten und dachte über den Ursprung der verschiedenen Völker und Religionen nach, die in diesem kleinen Land ihre Wurzeln haben.
Ich hatte bei der Betrachtung der Gegend das starke Empfinden, als wäre dieses Land der Nabel der spirituellen Welt, als wäre Gott den Menschen hier – trotz der gewaltsamen Konflikte von heute – immer noch ganz nahe. Immer wieder wurde aber die Begeisterung für göttliche Nähe und der heiße Wunsch der Menschen, die Heiligtümer vergangener Zeiten zu besitzen, dem Land zum Verhängnis. Ich spürte damals und spüre es auch heute, wie sich immense Verletzlichkeit wie ein roter Faden durch Jahrtausende hinzieht bis in unsere Zeit. Was dieses Land besonders auszeichnet, ist die spürbare Gottesnähe, die so viele Menschen dort gesucht und auch gefunden haben. IN DIESEM FLECK-

CHEN ERDE WURZELT WIRKLICH DIE SPIRITUALITÄT
GANZER VÖLKER.

Erstaunlich ist, was sich auf diesem heiligen Boden alles
ereignet hat! Die Geschichte reicht weit in vergangene
Zeiten zurück: Nur einige Stationen: Vor über 3900
Jahren kam Abraham im hohen Alter, der Stimme seines Gottes gehorchend, aus Haran in Mesopotamien in
das Land. Seinen ersten Sohn, Ismael, gebar ihm seine
ägyptische Magd Hagar, seinen zweiten Sohn, Isaak, gebar ihm in sehr hohem Alter doch noch und wie durch
ein Wunder seine Frau Sarah. Hier, in diesen beiden
Söhnen, liegt die Wurzel des heutigen Islam und Judentums. Später wurden Isaak und Rebekka die Zwillinge
Jakob und Esau geschenkt. Jakob hatte hier die Vision
von einer Himmelsleiter, auf der Engel auf- und abstie-
gen; seit dieser Schau und dem nächtlichen Ringkampf
hieß er nicht mehr Jakob, sondern Israel. Seine zwölf
Söhne wurden dann die Stammväter des jüdischen Volkes. Der erste König in diesem Land war Saul, sein
Nachfolger vor ungefähr 3000 Jahren wurde dann der
legendäre und geliebte König David. Er erwählte Jerusalem zu seinem Wohnort und brachte die Bundeslade
in diese Stadt. Sein Sohn und Nachfolger Salomon er-
baute hier den ersten prächtigen Tempel. Herrscher
kamen und gingen wie die Jahrhunderte, der Tempel
wurde aufgebaut und wieder zerstört. Übrig blieb sein
altes Fundament – die heutige Klagemauer, der gehei-
ligte Gebetsort des jüdischen Volkes. Auf dem Tempel-
berg aber steht heute eine prächtige Moschee mit einer
goldenen Kuppel.

Von meiner Bank aus schaute ich in die Gegend, wo Jesus nach der Überlieferung geboren wurde. Er war ein Mann von immenser geistiger Größe; seine Heilkraft war von überragender Vollkommenheit. Tiefe Einsichten in geistige Wahrheiten und seine Einheit mit der unsichtbaren Lichtwelt machten ihn zu einem überragenden Botschafter geistiger Gesetze. Seine Macht war *geistiger* Art; seine Aussage aber, ein *König* zu sein, wurde von der damaligen römischen Besatzung als politisch zu gefährlich eingestuft; und so wurde er vor den damaligen Stadtmauern Jerusalems am Kreuz hingerichtet.

Jerusalem ist meines Erachtens heute noch der heiligste Ort der Welt, und ich wünsche mir aus ganzem Herzen Frieden für alle Menschen, die in dieser historischen Gegend leben. Die Christen des Mittelalters glaubten sogar, dass das Grab mit den Gebeinen Adams auf Golgatha in Jerusalem liege ...

Als ich in diesem herrlichen Garten saß und über vergangene Zeiten und über die jetzige Situation in diesem Lande sinnierte, konnte ich vor Ergriffenheit meine Tränen nicht zurückhalten. Wie ein Hoffnungsschimmer kamen mir Worte der Bergpredigt und insbesondere die Seligpreisungen ins Bewusstsein: Sie waren so präsent wie nie zuvor. Es war ein ganz besonderes, tiefes Erlebnis für mich, hier am Ort der Bergpredigt und der acht Seligpreisungen zu verweilen, wo der Menschheit darüber hinaus ein einmaliges, kosmisches Gebet gegeben worden war: das Vaterunser.

Ergriffen von der Nähe zu Schauplätzen des Lebens Jesu versuchte ich mir vorzustellen, wie es damals gewesen sein könnte ... Das öffentliche Wirken Jesu begann, den biblischen Erzählungen gemäß, hier im Gebiete von Galiläa am See Genezareth. Wie bereits erwähnt, ist Gottesnähe in dieser ganzen Gegend sehr stark spürbar. Die Stadt Nazareth, in der Jesus aufgewachsen ist, liegt auf einem höher gelegenen Hügelzug.

»Er verließ Nazareth und nahm seinen Wohnsitz in Kapharnaum am See« (Matthäus 4,13).

Es könnte durchaus sein, dass Jesus eine Zeit lang in Kontakt mit der Essener-Gemeinschaft lebte, die in der Wüste am Toten Meer ihr religiöses Zentrum hatte. Dort sind ja bekanntlich 1947 die Qumram-Rollen entdeckt worden, die von tiefem religiösen Leben des jüdischen Volkes um die Zeit vor und während der Lebenszeit Jesu zeugen.

Ich schaute hinunter auf den See ... In der Betrachtung des blauen, ruhigen Wassers kamen mir die Ereignisse vor 2000 Jahren bildhaft vor Augen. Unter den ortsansässigen Fischern wählte Jesus – so erzählt es das Neue Testament – einige Männer zu seinen Schülern aus. Sie müssen von seiner außergewöhnlichen Ausstrahlung ergriffen gewesen sein, sonst wären sie wohl kaum bereit gewesen, alles hinter sich zu lassen, um ihm zu folgen. Jesu Fähigkeit, Kranke zu heilen, wurde, den Schriften gemäß, bald in der ganzen Gegend bekannt. Neben seinen Unterweisungen über die geistigen Gesetze des Lebens heilte er unzählige kranke Menschen, die man von weit her zu ihm brachte. Seine Heilkraft löste viel Respekt aus, bald liefen ihm ganze Volksscharen nach und versammelten sich in seiner Nähe. Zu Beginn seines öffentlichen Wirkens zogen sicherlich die außergewöhnlichen Heilerfolge die vielen Menschen aus allen Landesgegenden an.

Und so kam es dann zu jener *Bergpredigt*: Es müssen damals, wenn wir uns in die überlieferten Texte einfühlen, viele Menschen in dieser Gegend versammelt gewesen sein, als Jesus auf den Hügel hinaufstieg, um seine Botschaft zu vermitteln. Die topographische Beschaffenheit eines Berges ermöglichte, dass seine Worte von den vielen neugierigen Menschen vernommen wurden. Diese Begebenheit und die Worte, die er sprach, wurden im Neuen Testament getreulich niedergeschrieben.

Auch heute noch ist gerade auf diesem Berg eine starke Gottesnähe und Kraft spürbar. Ich war neugierig, welche Strahlkraft dieser Hügel aufweist und prüfte mit dem Pendel. Erstaunt stellte ich fest, dass nach 2000 Jahren dieser gesegnete Ort immer noch eine Strahlkraft von 110000 Einheiten nach der Bovis-Skala aufweist. Sensitive Menschen spüren an diesem Kraftort eine enorme Durchflutung von Energie im ganzen Körper und eine starke Liebe in der Mitte des Herzens.

Der Ort und das Gefühl einer besonderen Gottesnähe inspirierten mich, wie schon erwähnt, den spirituellen Gehalt der Seligpreisungen weiter zu ergründen. Ich habe versucht, die verborgene Bedeutung im Lichte neuen Denkens für unsere Zeit zu entschlüsseln. Ich fand so beglückende Botschaften, die für uns alle von großer Bedeutung sind – es sind wahre Quellen von heilender Nahrung für die Seelen, wo Turbulenzen, Krieg, Terror, Stress und Alltagssorgen das Befinden belasten. Sie können gerade für die heutige Zeit eine echte Lebenshilfe sein. IN DEN SCHLICHTEN ACHT SÄTZEN KÖNNTE EIN GOLDENER SCHLÜSSEL LIEGEN ZU EINER ECHTEN VERSÖHNUNG, EINEM FRIEDLICHEN NEBEN-EINANDER VERSCHIEDENER GLAUBENSGEMEINSCHAF-TEN. Sie beinhalten aber auch ganz einfache, hilfreiche Belehrungen, wie man ein glücklicher Mensch werden kann – echte Anweisungen zum Glücklichsein! Wie ein leuchtendes Juwel bildet die Bergpredigt, und insbesondere die acht Seligpreisungen, das kostbare Herzstück der überlieferten Bibeltexte.

DIE SELIGPREISUNGEN
DER BERGPREDIGT

(MATTHÄUS 5,3–12)

SELIG DIE ARMEN IM GEISTE, DENN IHRER IST
DAS HIMMELREICH.

SELIG DIE TRAUERNDEN, DENN SIE WERDEN
GETRÖSTET WERDEN.

SELIG DIE SANFTMÜTIGEN, DENN SIE WERDEN
DAS LAND BESITZEN.

SELIG, DIE HUNGERN UND DÜRSTEN NACH
DER GERECHTIGKEIT,
DENN SIE WERDEN GESÄTTIGT WERDEN.

SELIG DIE BARMHERZIGEN, DENN SIE WERDEN
BARMHERZIGKEIT ERLANGEN.

SELIG, DIE REINEN HERZENS SIND, DENN SIE WERDEN
GOTT ANSCHAUEN.

SELIG DIE FRIEDENSSTIFTER, DENN SIE WERDEN
KINDER GOTTES HEISSEN.

SELIG, DIE VERFOLGUNG LEIDEN
UM DER GERECHTIGKEIT WILLEN, DENN IHRER IST
DAS HIMMELREICH.

SELIG SEID IHR, WENN MAN EUCH UM MEINETWILLEN
SCHMÄHT, VERFOLGT UND EUCH LÜGNERISCH
ALLES BÖSE NACHREDET. FREUT EUCH UND FROHLOCKT,
DENN EUER LOHN IST GROSS IM HIMMEL.
EBENSO HAT MAN JA AUCH DIE PROPHETEN
VERFOLGT, DIE VOR EUCH LEBTEN.

Die Seligpreisungen

Die Seligpreisungen sind Worte der Liebe und des Trostes. Sie zeigen auf, welche innere Haltung ein glückseliges Leben ermöglicht. Gerade in unserer Zeit, in der innere Unruhe und äußere Katastrophen die gesamte Menschheit gleichermaßen in einen Sog von fast nicht zu bewältigenden Aufgaben bringen, kann die tiefe spirituelle Botschaft der Seligpreisungen eine echte Lebenshilfe sein. Die Seligpreisungen zeigen auf berührende Weise, welche seelische Grundhaltung uns heiter und glücklich zu machen vermag. Die Worte Jesu haben auch heute noch nichts an Aktualität verloren. Wo können Menschen, die unter seelischen Verstimmungen wie Depressionen, Stress und Hektik oder körperlichen Beschwerden leiden, Nahrung für ihre Seele finden – in einer Zeit, wo sich innere Nöte wie eine Epidemie ausbreiten? Besonders betroffen sind beispielsweise Menschen, die dauernd den elektromagnetischen Störfeldern der modernen Technik ausgesetzt sind. Die Seele leidet. Die Lebenskraft ist durch ein blockiertes Energiesystem permanent geschwächt.

Das Wort »selig« in der Bergpredigt bedeutet gleichsam »glückselig«. Es wird ein innerer Bewusstseinszustand angedeutet, der es möglich macht, in Glückseligkeit zu leben. Wenn Jesus vom »Himmel« spricht, verstehe ich darunter die *geistige* Dimension unseres Bewusstseins. Mit unserem Bewusstsein leben wir aber in zwei Dimensionen: die eine ist eine vordergründige, irdische, vergängliche Welt, und die andere ist die wahre, geistige, zeitlose Realität. Die Öffnung zur geistigen Dimension des Himmels gestaltet sich durch Entspannung, Stille und Gedankenruhe. Diese Öffnung kann nicht durch intellektuelles Denken oder Interesse an äußeren, materiellen Dingen erreicht werden. Vielmehr bringen vertrauensvolle Hingabe, ein Geschehenlassen in tiefer Stille und Absichtslosigkeit, den Himmel oder das Licht näher. Das Licht wirkt gleichermaßen im vergänglichen Irdischen wie im unvergänglichen Überirdischen.

Das Trachten nach Anerkennung und Prestige ist ein sorgenvoller Weg, der das seelische Befinden mit großer Wahrscheinlichkeit verdüstert. Nicht der einseitige Kampf um äußere Dinge kann echten Frieden schenken: ES SIND INNERE WERTE, DIE DEN MENSCHEN IN DER KOSMISCHEN HARMONIE UND GOTTESNÄHE BEWAHREN. Die äußeren Dinge und Umstände ordnen sich von innen heraus. Immer wieder betont Jesus, dass die Aufmerksamkeit auf das innere Befinden gelenkt werden soll und dass sich das Äußere nach dem Inneren ausrichtet und formt. Er lehrte, dass vorerst innere Harmonie anzustreben ist und die ganze Erde in eine Umwandlung zum Guten hin geführt werden kann, wenn jeder einzelne Mensch seinem seelischen Zustand größere Beachtung schenken würde. Jesus zeigt durch die Seligpreisungen Wege, wie dies zu erlangen ist: Wege zu einer echten, inneren Glückseligkeit, Anweisungen für einen mystischen Weg. Nur in der Rückverbindung zur nährenden Quelle aus Licht und Liebe können wir diese wahre Glückseligkeit erfahren. Die Seligpreisungen offenbaren und entfalten zudem echte Lebensfreude, Vertrauen und inneren Frieden. Nur eine echte spirituelle Gesinnung, basierend auf Liebe und Freude, kann uns wahrhaft glücklich und friedvoll machen.

Die übersetzten alten Texte der Seligpreisungen sind sehr knapp und schlicht gehalten. Doch verbirgt sich dahinter die große Weisheit der kosmischen Gesetze, in denen die ganze Schöpfung und insbesondere das Bewusstsein der Menschen eingebettet sind. Kosmische Harmonie – ich darf diesen mir wichtigen Ansatz hier nochmals wiederholen – bedeutet gleichsam Durchströmung mit Licht und Lebenskraft, die den Körper gesund und kräftig, die Seele heiter und glücklich macht.

Die Seligpreisungen laden ein, sich der inneren Dimension bewusst zu werden und deren Gesetze zu beachten. Aus der geistigen Kraft lebt die ganze Schöpfung, die Natur und der Mensch, denn alles ist eine Offenbarung des unvorstellbaren, allumfassenden Geistes. DEM IN UNSERER ZEIT NEU ERWACHENDEN CHRISTUSBEWUSSTSEIN LIEGT DIE ERKENNTNIS NAHE, DASS GOTT KOSMISCHES LICHT IST UND ALLE MENSCHEN GLEICHERMASSEN DURCHSTRÖMT. Diese wunderbare Lichtdurchströmung gilt es aufrecht zu erhalten, denn alle disharmonischen Zustände können dadurch transformiert werden.

Welche Eigenschaften schaffen aber Trennung, und welche Eigenschaften bewahren uns in der uneingeschränkten Durchströmung? Genau darum geht es in den Seligpreisungen. Sie sind Anweisungen, wie die das seelische Befinden belastenden Blockaden oder Hindernisse aufgelöst werden können. Sorgen, Kummer und viele andere Nöte könnten durch die wachsende Erkenntnis der eigentlichen Ursachen – unsere Fehlhaltungen – vermindert werden. Diese innere Wandlung – eine neue Einstellung zum Leben durch Liebe und Verzeihen – läutert das seelische Befinden. Sie ist es, die inneren und äußeren Frieden schafft.

JESUS WAR EIN GROSSER LEHRER DER LEBENSFREUDE UND GLÜCKSELIGKEIT: DIES IST AUCH DIE VERBORGENE BOTSCHAFT DER BERGPREDIGT, INSBESONDERE DER SELIGPREISUNGEN. Seine engsten Vertrauten und Schüler waren sicherlich durch den Aufenthalt in der hohen Schwingung des Meisters offener geworden für die tiefen Geheimnisse der kosmischen Gesetze. Offen werden für das kosmische Licht, den alldurchdringenden Atem Gottes war und ist aber auch heute noch die wesentliche Lebensaufgabe. Der Energiekörper, unsere Aura, wird von diesem alles erschaffenden Schöpferlicht genährt. Körper und Seele leben aus diesem unsichtbaren Urlicht, und jede Trennung schafft Leiden – auf der seelischen wie auch auf der körperlichen Ebene. Erkenntnisse über die verschiedenen Dimensionen des Bewusstseins lassen erahnen, dass die Botschaften der Seligpreisungen auf Entfaltung des geistigen Potenzials hinweisen. Eine wachsende Zahl von Menschen pflegen durch Kontemplation und Meditation diese innere Verbindung zur Lichtwelt. Jesus muss in dieser Einheit gelebt haben. Er nannte seine geistige Quelle »Abba«, was man übersetzen kann mit »Väterchen«.

Für uns geschieht die Verbindung zum geheimnisvollen Urlicht in aller Stille. Innere Leere und Loslassen von störenden Gedanken, eine tiefe Absichtslosigkeit, ein absolutes Geschehenlassen ohne Eigenwillen bilden die Grundlagen zu jeglicher höheren Erkenntnis und Weisheit. Diese Grundhaltung wiederum ist Voraussetzung für spirituelles Wachstum und Entfaltung.

Die Seligpreisungen bieten der Seele wohltuende Lichtnahrung. Damit jede einzelne Aussage zu einer inneren Bereicherung werden kann, biete ich Ihnen jeweils eine Meditation an, die den geistigen Gehalt zu einem inneren Erlebnis macht. Lange blieben die in den schlichten Sätzen der Seligpreisungen enthaltenen wesentlichen Lebensgesetze verborgen. Heute nun darf die geheime Botschaft wieder zu neuem Leben erweckt werden.

Selig die Armen im Geiste,
denn ihrer
ist das Himmelreich.

Bei oberflächlicher Betrachtung könnte man dem Irrtum erliegen, dieser erste Satz der Seligpreisungen sei als Trost für schwach begabte Menschen zu interpretieren. Diese Aussage beinhaltet jedoch bei näherem Betrachten die Grundlage jeglicher spirituellen Entfaltung! Die Botschaften des Gottmenschen Jesus bestanden aus Unterweisungen, wie das Bewusstsein für innere, geistige Werte erweitert und durch Ausdehnung zur geistigen Dimension hin bereichert werden kann.

Wenn Jesus vom »Himmelreich« spricht, dann gehe ich davon aus, dass damit die geistige Dimension, die unsichtbare Lichtwelt gemeint ist. Bereits in unserem Erdenleben, an jedem neuen Tag sind wir durch unser Bewusstsein mit dem Himmel verbunden, denn die geistige Lichtwelt steht mit uns in Verbindung! Auch wenn sie nicht mit den Sinnesorganen wahrnehmbar ist, wirkt sie doch liebevoll mit uns zusammen. Diese Verbundenheit ist nicht auf das vergängliche Erdendasein beschränkt, sondern überdauert alle Zeiten.

Die geistige Lichtwelt wirkt mit Weisheit und Liebe durch uns hindurch. Sie kann ihre Weisheit und Kreativität am besten in unser Bewusstsein einsenken, wenn unsere Gedanken ganz zur Ruhe kommen. »Arm im Geist« umschreibt einen Zustand tiefer Meditation oder Kontemplation. Sich von äußeren Dingen zurückziehen und in der inneren Stille und Leere verweilen öffnet das Bewusstsein für das himmlische Licht! Die spirituelle Entfaltung kann nicht ohne körperliche Entspannung und innere Stille geschehen. Das Bewusstsein wird durch Gedankenleere wie zu einem aufnahmebereiten Gefäß für die göttliche Weisheit und Liebe. Ein aufmerksames Betrachten des Atems kann zu Beginn eine gute Hilfe sein für die Beruhigung der Gedankentätigkeit. Jede/r Lernende weiß jedoch, dass »Armwerden im Geiste« – das Aufrechterhalten der inneren Stille – nur mit Ausdauer und Disziplin und anfangs nur für kurze Momente erreicht werden kann. Auch wenn wir nicht lange ohne Gedankentätigkeit sein können, sind solche Momente wahre Quellen von Kraft und Lebensfreude.

Gedanken erzeugen schöpferische Energiefelder, die sich dank unserer Vorstellungskraft materialisieren. Wir erschaffen unsere Welt weitgehend mit unseren Vorstellungen und Gedanken. Mit unserem Bewusstsein sind wir geheimnisvoll verwoben in eine schöpferische Magie des Lebens, die immer wieder das Äußere mit dem seelischen Zustand zusammenführt. Gedanken binden das Bewusstsein an die irdische Welt. Das ist auch gut so. Aber es bleibt wichtig, dass wir die Qualität der Gedanken kontrollieren. Jeder Gedanke, der lange mit Energie der geistigen Vorstellungskraft genährt wird, möchte sich in die Realität umsetzen. Wenn Vorstellungen kreiert werden, die Angst und Schrecken hervorrufen, kann durchaus auch das Alltagsleben davon betroffen sein.

Die Pflege der inneren Stille trägt einen wesentlichen Teil zur Selbsterkenntnis bei. Selbsterkenntnis fängt beim bewussten, aufmerksamen Betrachten der eigenen Gedanken an. Durch die innere Stille und Betrachtung werden wir uns der Gedankenmuster bewusst. Alles, was hier gegen das Prinzip der Liebe gerichtet ist, entfernt uns von der Harmonie des himmlischen Lichtes. Destruktive Gedanken, Sorgen, Grübeln und Zweifel können aber, bewusst wahrgenommen, vehement weggeschickt werden. Dadurch kann vermieden werden, dass seelische Schmerzen das innere Befinden trüben. Die Gewissheit, dass alles im Leben nur dazu da ist, uns das Notwendige erkennen und daraus lernen zu lassen, schenkt tiefes Vertrauen in die geistige Führung und Weisheit, die hinter allem wirkt.

Innere Stille öffnet das Bewusstsein zum göttlichen Urgrund und lüftet den trennenden Schleier. Weisheit und Intuition sind die geistigen Früchte, die in der Seele des »Armen im Geiste« gedeihen können. Der Zugang zum inneren »Himmelreich« schenkt Einsichten und Begabungen, die niemals durch intellektuelle Anstrengungen erreicht werden können. Diese höheren Erkenntnisse bereichern den Alltag auf beglückende Weise. Die Seele wird erquickt durch das himmlische Licht, die Aura leuchtet in den hellsten Farben, und Lichtbahnen sorgen für eine gute Durchströmung des Körpers mit Lebenskraft. Über die Energieleitbahnen verteilt sich die Lebensenergie verstärkt in alle Zellen des Körpers. Körper und Seele leuchten auf durch diese Verbindung zum göttlichen Urgrund – eine Welt des Lichtes und der Liebe.

Ein glückseliger Seelenzustand entsteht so aus einer absichtslosen Stille von innen heraus.

SELIG DIE ARMEN IM GEISTE, DENN IHRER IST
DAS HIMMELREICH.

MEDITATION

Ich lasse die folgenden Worte in der Tiefe meines Bewusstseins nachklingen:

SELIG DIE ARMEN IM GEISTE, DENN IHRER IST
DAS HIMMELREICH.

Durch meine innere Stille erfahre ich die Bedeutung dieser Worte und nehme ihren Klang in mich auf. Ich übergebe mein Bewusstsein vertrauensvoll der göttlichen Weisheit und kosmischen Intelligenz.

Ich fühle meinen Körper ruhig und entspannt ... Die Füße berühren den Boden. Ich fühle sie weit und warm. Die Wirbelsäule ist aufrecht und stark. Die Hände ruhen auf den Oberschenkeln. Nun betrachte ich aufmerksam meinen Atemstrom ... Die ganze Aufmerksamkeit gilt dem Ein und Aus des Atems ... Ich fühle, wie sich mein Bauch weitet mit jedem Ein des Atems und wie er mit jedem Aus wieder kleiner wird ...
Gedanken kommen und gehen. Ich will nichts erreichen, ich lasse geschehen. Mit jedem Atemzug weitet sich mein innerer Raum, und das Äußere nimmt ab. Ich bin

ganz bei mir und begebe mich in die Mitte meines Herzens, in mein Zentrum. Ich ruhe in der Geborgenheit von Stille und Schweigen ... Hier, in der Mitte meines Seins ruhe ich in der göttlichen Umarmung. Ich bin Frieden, ich bin Freude tief in meiner Mitte.
Hier bin ich glückselig und werde zärtlich berührt von der allumfassenden Liebe Gottes.

SELIG, DIE ARMEN IM GEISTE, DENN IHRER IST
DAS HIMMELREICH.

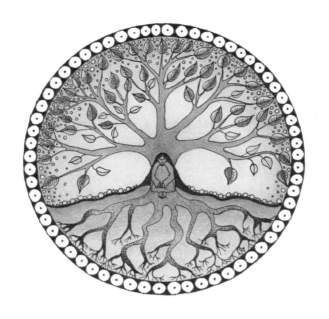

Selig die Trauernden,
denn sie
werden getröstet werden.

Man kann diesen zweiten Satz der Seligpreisungen als Trost für Menschen verstehen, deren Herz erfüllt ist von Trauer. Die echte, spirituelle Bedeutung dieser Worte geht aber viel tiefer. Jesus gibt uns hier einen Schlüssel zur Transformation von seelischen Schmerzen, Verletzungen und alten Wunden. Die zweite Seligpreisung basiert auf der ersten, die uns lehrt, innere Stille zu suchen und Gedanken zur Ruhe zu bringen. Erst wenn das Bewusstsein zur Ruhe gekommen ist, kann das innere Befinden wahrgenommen und die Seele von schmerzlichen Gefühlen befreit werden. Innere Ruhe macht ein aufmerksames Wahrnehmen und Betrachten der eigenen Gefühle möglich.

Wie aber kann die Seele von belastenden negativen Gefühlen befreit, von schmerzlichen Emotionen geheilt werden? Dies geschieht durch aufmerksames Fühlen und Betrachten der Gefühle. Die Kraft des Geistes ist in der Lage, solche Blockaden aufzulösen. Lange anhaltende schmerzliche Emotionen verursachen verdichtete Energiefelder im Energiesystem und stören ein harmonisches Strömen der Lebensenergie. Dadurch wird das Wohlbefinden beeinträchtigt. Sieben zarte Lichtwirbel, die wir Chakras nennen, bilden die Haupttore zum Licht. In diesen Lichtwirbeln, die wir besonders gut auf der Körpervorderseite fühlen können, bilden Gefühle von Trauer, Angst oder Ablehnung Blockaden und stören die Integration des Gotteslichtes, das uns Lebensenergie und Lebensfreude schenkt. Durch annehmendes Fühlen des Schmerzes wird es möglich, sich davon zu befreien. Fühlen untersteht der

Macht des Lichtes und ist stärker als die verdichtete Energie, die ein Störfeld gebildet hat. Achtsam fühlend lenken wir unsere Aufmerksamkeit in jenen Körperbereich, jenes Energiezentrum, wo sich die negativen Gefühle verdichtet haben. Fühlen wir die Trauer, fühlen wir die Angst an derjenigen Stelle wo sie sitzt – und sie wird durch das Fühlen transformiert. »*Fühle* die Trauer, und sie löst sich auf«, das ist der Sinn der Worte Jesu.

Oft bilden traumatische, d.h. schmerzliche Erlebnisse oder Unfälle, die irgendeinmal im Leben stattgefunden haben und an die wir uns vielleicht gar nicht einmal mehr erinnern, solche Blockaden. Sie belasten unterschwellig das seelische Befinden und behindern das harmonische Strömen der Lebensenergie. Emotionen wie Trauer oder verletztes Selbstwertgefühl belasten meistens das in der Mitte der Brust gelegene Energiezentrum, das Herz-Chakra, während Angst oder Ablehnung das Solarplexus-Chakra im Oberbauch, Wut oder Hass das unterhalb des Nabels liegende Sakral-Chakra belasten.

Die Kraft des allumfassenden Gotteslichtes, das durch unser Bewusstsein wirkt, kann dem Körper durch ein fühlendes Betrachten unmittelbar Heilung schenken. Im Annehmen und Nachspüren der Gefühle liegt ein großer Segen, denn nur so kann die Seele von Belastungen befreit werden und in einen Zustand innerer Heiterkeit und Glückseligkeit gelangen. Glücklich kann derjenige werden, der die Trauer in sich wahrnimmt, denn dadurch löst sich die Trauer nach und nach auf!

So verstehen wir die verborgene Weisheit der zweiten Seligpreisung: Selig die Trauernden, denn sie werden getröstet werden. Nicht die eigene Willenskraft löst seelische Schmerzen auf, denn Gefühle gehorchen nicht dem eigenen Willen. Die weibliche Kraft des Fühlens – die *emotionale* Intelligenz – eingebettet in die Weisheit des Absoluten, heilt seelische Schmerzen.

Verborgen in dieser Botschaft liegt auch die Erkenntnis, dass der Bejahung schmerzlicher Gefühle ein tiefes Vertrauen in die göttliche Weisheit und Führung innewohnt. Es basiert auf der Gewissheit, dass das Leben bringt, was zur Selbsterkenntnis und Entfaltung der Seele notwendig ist. Wir können uns gegen den Lebensstrom stemmen und verbrauchen viel Kraft dabei – wir können unsere Lebensumstände aber auch bejahen. Kein Gefühl kann in der Seele entstehen, wenn die göttliche Weisheit es nicht so geschehen lässt. Seelische Erfahrungen erstrecken sich über Äonen, durch verschiedene Leben. Leiden läutert die Seele und macht manches wieder gut, auch wenn der tiefere Sinn meist im Verborgenen bleibt. Es liegt jedoch in der göttlichen Allmacht und Gerechtigkeit, die das Ziel der Vervollkommnung der Seele zum Lichte hin nicht aus den Augen verliert, wie unsere Seele optimal und mit großer Liebe durch dieses Leben geführt wird.

Trauer ist zudem mit Abschiednehmen verbunden. Jedes Loslassen berührt eine schmerzliche innere Wunde, die an die geistige Trennung erinnert, welche die

Seele durch das Einsenken in einen physischen Körper auf sich genommen hat. Tief in der Seele sehnen wir uns nach der echten Heimat des Lichtes und der Liebe. Diese innere Wunde wird bei jedem Loslassen schmerzlich berührt, und sie spiegelt sich in verschiedenen Facetten von Sehnsucht und im Suchen nach der Einheit des Absoluten.

Die spirituelle Bedeutung des zweiten Satzes der Seligpreisungen ist ein wunderbarer Schlüssel zur Heilung der Seele durch eine bewusste Transformation der schmerzlichen Emotionen, damit wir uns auch hier auf Erden glücklich fühlen dürfen.

SELIG DIE TRAUERNDEN, DENN SIE WERDEN GETRÖSTET WERDEN.

MEDITATION

Ich lasse die tröstenden Worte der Seligpreisungen in der Tiefe meines Bewusstseins nachklingen:

SELIG DIE TRAUERNDEN, DENN SIE WERDEN
GETRÖSTET WERDEN.

Ich stimme mich ein durch ein ruhiges Betrachten meines Atemstroms ... Mit jedem Atemzug werde ich ruhiger und entspannter ... Mein Becken ist weit und die Füße berühren den Boden ... Zarte Lichtwirbel durchfluten meinen Körper von der Wirbelsäule her nach vorne, und ich fühle, wie sie sich auf der Vorderseite meines Körpers wie Blüten im Sonnenlicht öffnen ...
Die tiefe Ruhe erlaubt mir, in diesen Energiezentren meine Gefühle wahrzunehmen ... Ich richte jetzt meine ganze Aufmerksamkeit in meinen Oberbauch ... Wie fühle ich mich hier in der Magengegend? Fühle ich Angst oder Unruhe oder Ablehnung? ... Wenn ich ein solches Gefühl wahrnehme, betrachte ich es in aller Ruhe, bis es sich auflöst ... Es wird umgewandelt in ein ruhiges Einverständnis. »Ja – ich bin einverstanden mit mir, meiner Umgebung und meinem Leben.«

Nun richte ich meine Aufmerksamkeit in meinen Unterbauch. Fühle ich Wut oder Ärger? Sage ich nein, wenn ich Ja sagen möchte oder umgekehrt? ... Meine Gefühle nehme ich liebevoll an, denn sie zeigen meine innere Lebendigkeit.

Jetzt richte ich meine ganze Aufmerksamkeit in die Mitte meiner Brust. Fühle ich Trauer in der Mitte meines Herzens? ... Wenn ich Trauer wahrnehme, betrachte ich dieses Gefühl, und ich erlaube Tränen, die aufsteigen, diese Trauer fortzuschwemmen. Trauer wandelt sich um in tiefe Freude in der Mitte meines Herzens.

Ich fühle mich neu durchströmt von kosmischer Energie ... Die schmerzlichen Gefühle haben sich durch meine stille Betrachtung aufgelöst. Keine Blockaden behindern mehr die göttliche Lichtdurchströmung. Licht und Lebenskraft durchdringt mich vom Kopf bis zu den Füßen ... Ein sanfter Energiestrom fließt von den Füßen durch mein Becken, die Wirbelsäule hinauf bis zu meinem Kopf ... Ein wunderbarer Kreislauf von Licht und Liebe hüllt mich wie ein zärtlicher Schutzmantel ein. Ich fühle mich geborgen, behütet und beschützt.

SELIG DIE TRAUERNDEN, DENN SIE WERDEN
GETRÖSTET WERDEN.

Selig die Sanftmütigen,
denn sie
werden das Land besitzen.

In dieser dritten Seligpreisung liegt eine tiefe Weisheit verborgen. Es geht um die Erkenntnis, dass die alltäglichen Begebenheiten in Resonanz mit unserem seelischen Befinden klingen. Die Fülle der schöpferischen Kreativität und Lebenskraft wird hier als »das Land besitzen« bezeichnet. Für unseren Verstand fast nicht vollziehbar, wirkt die göttliche Weisheit geheimnisvollerweise durch unser Bewusstsein hindurch, wobei Gedanken und Emotionen schöpferisch mitgestaltend wirken. Das tägliche Leben präsentiert sich oft wie eine grandiose Leinwand, auf die seelische Inhalte projiziert werden – wahrlich, eine grandiose Magie! Die sichtbaren, materiellen Manifestationen drücken eine Schwingungsebene aus, die sich nur wenig unterscheidet von der Ebene der Gedanken und Gefühle, die jedoch unsichtbar sind. Die unsichtbaren Energieformen werden also sichtbar als materielle Manifestationen. Aus dieser geistigen Betrachtung heraus erkennen wir, dass die Aufmerksamkeit auf die Gedanken und Gefühle gelenkt werden muss, um ein glückseliges Leben zu führen.

Sanftmut oder Mut zum Sanften ist ein Ausdruck von Weichheit und Mitgefühl. Der negative Gegenpart von Sanftheit ist Härte. Nicht seelische Härte und Hass machen ein glückliches Leben aus, vielmehr schenkt eine sanfte, friedliche, harmonische Grundstimmung die Fülle des Lebens. Eine heitere Seele zieht Heiterkeit an, eine sanftmütige Seele zieht Sanftmut an. Aggressionen im Innern ziehen Aggressionen von außen an. Eine verhärtete Seele leidet unter dem Schmerz aus verletzten Gefühlen oder Kränkungen. Kränkungen machen auf Dauer tatsächlich krank.

Warum fühlt sich ein Mensch gekränkt? Die Ursachen können unerfüllte Erwartungen, sogenannte Enttäuschungen sein. Man hat sich in einer Angelegenheit, einem Menschen getäuscht, hat vielleicht zu viel erwartet. Es kann auch sein, dass Neid, Eifersucht, Missgunst oder (vermeintliche) Verletzungen des Selbstwertgefühls zu Kränkungen und Verhärtungen des seelischen Befindens führen. Es kann aber auch sein, dass zu eng gesteckte Ansichten und Intoleranz zu Verhärtungen führen. Wertempfindungen, die nicht mit dem Gesetz von Liebe und Güte übereinstimmen, können der Seele die Sanftmut rauben.

Was geschieht im Energiekörper, wenn sich das Sanfte in Härte gewandelt hat? Wir sollten uns bewusst sein, dass der sichtbare Körper umhüllt wird von einem unsichtbaren Lichtkörper. Dabei strömt aus diesem Lichtkörper wirbelförmig Energie durch den Körper hindurch. Diese zarten Lichtwirbel nennen wir, wie bereits erwähnt, Chakras oder Energiezentren. Bei seelischen Verhärtungen schließen sie sich wie Blumen in der Nacht. Es wird tatsächlich Nacht in der Seele. Die Energieversorgung des Körpers ist stark reduziert. Drüsen, Organe und Körperzellen leiden unter einem Mangel an Lebenskraft. Der ganze Körper muss mit einem Minimum von Energie auskommen, was zu organischen Störungen führen kann. Seelisch fühlt man sich isoliert, erschöpft, müde, depressiv und niedergeschlagen. Die Lebenskraft ist geschwächt und somit auch alle

Organe, Zellen und Atome des Körpers. Die Energieleitbahnen sind blockiert, und die Blockaden verursachen körperliche Schmerzen und seelisches Unwohlsein.

Die tiefe spirituelle Bedeutung dieses dritten Satzes der Seligpreisungen weist darauf hin, dass zuerst das innere Befinden sanft, harmonisch und glücklich sein sollte. Das Universum schenkt Fülle und Wohlergehen von innen heraus. Es ist nicht notwendig, mit Härte zu kämpfen. Wenn das seelische Befinden heiter und glücklich ist, richtet sich alles nach dem inneren Zustand aus, und auch die Gesundheit des Körpers richtet sich nach diesem seelischen Befinden.

Sanftmut ist eine Form von Demut und Liebe. Sanftmütig kann nur sein, wer die Schwächen der Mitmenschen verstehen und verzeihen kann. Der seelische Zustand bleibt dabei heiter und kann die irdischen wie die geistigen Freuden genießen.

SELIG DIE SANFTMÜTIGEN, DENN SIE WERDEN
DAS LAND BESITZEN.

MEDITATION

Ich lasse die aufmunternden Worte dieser Aussage der Seligpreisungen tief in meinem Bewusstsein nachwirken:

SELIG DIE SANFTMÜTIGEN, DENN SIE WERDEN
DAS LAND BESITZEN.

Ich stimme mich ein durch ein aufmerksames Betrachten des Ein und Aus meines Atems. Mit jedem Atemzug werde ich ruhiger und entspannter ... Wogen von warmer Energie durchdringen meinen Körper und schenken mir ein Gefühl von Geborgenheit in mir selbst. Ich ruhe in der Mitte meines Seins und fühle tiefen Frieden in mir ...

Mein Körper fühlt sich entspannt und schwer. Ich nehme aufmerksam die Berührung der Füße mit dem Boden wahr ... Sie sind weit und warm und dehnen sich aus bis tief in den Boden hinein. Ich habe Wurzeln in der Erde wie ein starker Baum ... Ich fühle eine warme, behagliche Energie in meinen Füßen, fühle, wie sie langsam durch meine Beine strömt, durch das Becken in meinen Brustraum. Von dort fließt sie weiter durch die Arme bis in meine Hände und Fingerspitzen. Meine Hände sind wie

Äste an einem großen Baum ... Kosmisches Licht nehme ich auf mit meinen Fingerspitzen. Es fließt zu meinem Kopf, von dort durch meinen ganzen Körper hindurch hinunter bis zu den Füßen ... Die Wirbelsäule wird zu einer Lichtsäule aus tanzenden Lichtatomen ... Mein oberster Punkt am Kopf ist wie eine Himmelspforte. Funkelnde Lichtatome strömen in meinen Körper. Alle Zellen und alle Organe werden erfrischt und erneuert.

Tief in der Mitte meines Seins funkelt ein kleiner Diamant. Er verströmt ein zartes Licht, ein Licht von Sanftmut und Liebe ... Ich umhülle alles, was ich sehe mit Zärtlichkeit ... In allem, was ich sehe, ist Sanftmut und Liebe, die mit mir in Resonanz klingen ... Das Leben schenkt mir alles, was ich brauche. Dankbar nehme ich alles um mich herum aufmerksam wahr.

SELIG DIE SANFTMÜTIGEN, DENN SIE WERDEN DAS LAND BESITZEN.

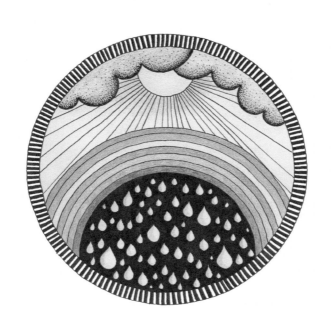

Selig, die hungern und dürsten nach
der Gerechtigkeit,
denn sie werden gesättigt werden.

Die verborgene Weisheit des vierten Satzes der Se-
ligpreisungen liegt in der liebevollen Tröstung, dass
die Sehnsucht nach Erkenntnis von unseren geistigen
Helfern ununterbrochen gestillt wird. Wie eine große
Mutter nährt die göttliche Weisheit alle, die sich hin-
wenden zur geistigen Dimension. Stille, Sanftmut und
Sehnsucht nach der geistigen Lichtquelle schenken
Glückseligkeit und erheitern das seelische Befinden.
Alles ist Geist, und dieser kosmische Christusgeist ver-
eint alles in großer Einheit. In allem wirkt kosmisches
Licht mit unvorstellbarer Intelligenz.

Echter Seelenfrieden kann erst entstehen, wenn erkannt wird, dass das Leben eine wunderbare Magie ist,
die genau das für uns Rechte hervorbringt. Gedanken
und Vorstellungen werden fortwährend in dieses grandiose Spiel des Lebens hineingewoben. Und dieses
Spiel ist absolut gerecht und durchdrungen von der
allumfassenden Liebe des schöpferischen Lichtes.

Wenn diese neue Sicht des Lebens vom Bewusstsein
aufgesogen wird, ist jeder neue Tag spannend. Man
kann neugierig und voller Vertrauen darauf warten, was
die göttliche Weisheit zeigen will. Dann »hungert und
dürstet« man nach Erkenntnis und Lernen im Alltag.
Die durch uns hindurch wirkende Weisheit ist absolut
gerecht und dient dazu, der Seele durch die materiellen
Manifestationen Selbsterkenntnis zu schenken, an denen sie sich schulen und entfalten kann.

Das irdische Leben bedeutet für die Seele ein Eintauchen in eine Schwingungsebene, in der Raum und Zeit
Begrenzungen schaffen. Der Körper wird zum irdischen

Gewand. Die Kraft des Geistes jedoch kennt keine zeitlichen und räumlichen Beschränkungen. Tief im Verborgenen liegen in der unsterblichen Seele viele erlebnisreiche Facetten irdischer Vergangenheiten. Jede Inkarnation entfaltet die Seele ein Stück mehr zum Lichte hin. Die Seele kennt den Lebensplan und wählt ein neues Leben, ein Leben, das innigst mit der göttlichen Weisheit und Gerechtigkeit verbunden bleibt. Doch der irdische Verstand ignoriert diesen Lebensplan vielleicht und sträubt sich gegen die vermeintlichen Schwierigkeiten. Mit dem Verstand können wir viele Lebenssituationen nicht verstehen, weil die Sicht für geistige Dimensionen verschleiert ist. Oft sind wir mit dem Schicksal nicht einverstanden. Da und dort findet sich etwas, das zu Kritik und Ablehnung Anlass gibt. Andere Menschen scheinen unsere Widersacher zu sein und rauben uns unser Glück. So entgleitet langsam der Anspruch auf ein glückliches Leben in dieser Welt.

Oft begegnen wir dabei Menschen aus früheren Leben, die wiederum mit uns zusammen inkarnieren. Was einmal an Leiden zugefügt wurde, wird man selbst in diesem Leben zu erleiden haben. Wo Liebe gelebt wird, entfaltet sich die Seele zum Lichte hin. Die Zeit heilt alle Wunden, und diese Prozesse dauern so lange, bis die Seele ganz nahe an das göttliche Urlicht herangezogen wird. Im östlichen Denken wird die ausgleichende Gerechtigkeit als Karma bezeichnet.

Was als »hungern und dürsten« bezeichnet wird, können wir als starkes Verlangen nach Harmonie mit dem schöpferischen Prinzip verstehen. Aus der spirituellen Sicht des Lebens erweitert sich das Bewusstsein und sieht die Zusammenhänge in einem ganz neuen Licht. Dann entsteht ein tief gehendes Verlangen nach Gerechtigkeit, und wir erleben fortwährend Situationen, die mit dem Seeleninhalt in Resonanz schwingen. Das Leben bringt Gerechtigkeit in Fülle, wenn alle Begebenheiten mit offenen Augen – mit den Augen des Geistes – betrachtet werden. Ob Leiden oder Freude – alles dient der Entwicklung der Seele zum Lichte hin.

Hungern und Dürsten nach Gerechtigkeit meint dann ein tiefes Verlangen, die eigenen Lebenssituationen und die Mitmenschen besser zu verstehen. Dafür ist eine wichtige Voraussetzung notwendig: das tiefe Vertrauen, dass nichts geschieht in diesem Leben, was nicht seine absolute Richtigkeit hat. Alles, was im Alltag erlebt wird, hat mit dem eigenen Seeleninhalt zu tun. Sehr oft sind es die eigenen Schwächen, die andere Menschen uns aufzeigen. Manchmal sind es eigene Lernprozesse, in die man, ohne es vordergründig zu suchen, verwickelt wird. So lange die Fehler an den Mitmenschen stören und zu Kritik Anlass geben, stoßen wir immer auf eigene Fehler, die man an andern besser sieht als an sich selbst. Auf diese Weise wirkt die höhere Gerechtigkeit in allen Begebenheiten des Lebens.

Wenn uns unsere Fehler von andern vorgehalten werden und die Kritik Wut oder Ablehnung heraufbeschwört, sind beide Seiten in dasselbe Problem verwickelt. Wenn man jedoch mit Verständnis und Liebe mit der Umgebung leben kann und auch Menschen, die sich feindselig benehmen, Liebe schenken kann, fallen die Projektionsflächen fort, und die Seele bleibt heiter und glücklich.

Wenn das Leben aus dieser Perspektive betrachtet wird, wird alles leichter. Wir können mit zunehmender Übung dann bei entsprechender Gelegenheit eine innere Gelassenheit und Heiterkeit bewahren. Aus allem wächst Erkenntnis. Der Alltag wird zur Nahrung der Seele. Der Tisch ist reich gedeckt. Gerechtigkeit waltet in allem.

SELIG, DIE HUNGERN UND DÜRSTEN NACH
DER GERECHTIGKEIT,
DENN SIE WERDEN GESÄTTIGT WERDEN.

MEDITATION

Ich lasse die Worte der vierten Seligpreisung in der Tiefe meines Bewusstseins nachklingen:

SELIG, DIE HUNGERN UND DÜRSTEN NACH
DER GERECHTIGKEIT,
DENN SIE WERDEN GESÄTTIGT WERDEN.

Mit jedem Atemzug werde ich ruhiger und entspannter ... Ich ruhe in meinem Zentrum und fühle mich geborgen in der stillen Betrachtung des Atemstromes ... Mein innerer Raum weitet sich, und das Äußere entschwindet ... Ich fühle mich umgeben von einem wunderschönen Schutzmantel aus farbigem Regenbogenlicht ... In der Mitte meiner Stirn kann sich dieses farbige Licht manifestieren.

Durch meine Himmelspforte am obersten Punkt des Kopfes strömt kosmisches Licht in jede Zelle meines Körpers. Ich nehme mein Befinden aufmerksam wahr. Vielleicht gibt es Stellen, die mich drücken oder schmerzen. Ich fühle, wo Lebensenergie blockiert ist. Ruhig und entspannt betrachte ich diese Stellen aus der Kraft

des Geistes, und so lösen sich diese Blockaden all-
mählich auf ...

Wogen von heilender Energie durchströmen mich vom
Kopf bis zu den Füßen. Ein angenehmes Gefühl von Geborgenheit breitet sich aus.

Nun betrachte ich in aller Stille meine Lebensumstände.
Bereiten mir bestimmte Menschen Schwierigkeiten und
Ärger? – Ich frage mich ganz aufrichtig: Habe ich nicht
eben diese Eigenschaften, die mich am andern ärgern?
Sind nicht meine Lebensumstände der Spiegel meines
Seeleninhaltes, meiner Gedanken und Vorstellungen?

Ich suche hier aufrichtig nach Erkenntnis und bitte meine
geistigen Helfer um Hilfe.

Denjenigen Menschen, die mir Schwierigkeiten bereiten,
sende ich Licht und Liebe. Ja – ich bitte sie ganz im Stillen um Entschuldigung für Taten aus dem jetzigen oder
früheren Leben, mit denen ich ihnen Leid zugefügt haben könnte ... Voller Vertrauen denke ich liebevoll über
mich und andere, denn ich weiß, alles ist richtig und gut,
so wie es ist ...

Ich stelle mir vor, was ich gerne in meinem Leben erfahren möchte ... Gedanken an Dinge, die ich nicht möchte,
meide ich fortan.

Ich fühle mich reich beschenkt durch die in allem wal-
tende Gerechtigkeit. Mein Seelenlicht leuchtet immer

heller, und ich erfreue mich an der inneren Heiterkeit und Lebensfreude. Lebenskraft durchströmt meinen Körper und schenkt mir Gesundheit und Wohlbefinden. Meine Seele badet im göttlichen Licht.

SELIG, DIE HUNGERN UND DÜRSTEN NACH
DER GERECHTIGKEIT,
DENN SIE WERDEN GESÄTTIGT WERDEN.

Selig die Barmherzigen,
denn sie werden
Barmherzigkeit erlangen.

Die tiefe spirituelle Bedeutung dieses trostreichen fünften Satzes der Seligpreisungen spiegelt wiederum den kosmischen Zusammenhang von innerem und äußeren Zustand. Jesus lehrt uns, dass dem geistig-seelischen Befinden mehr Aufmerksamkeit geschenkt werden soll als den äußeren Begebenheiten, denn diese richten sich nach dem inneren Befinden aus. Niemand darf von außen Barmherzigkeit erwarten, wenn er nicht in seinem Inneren diese Eigenschaft entwickelt hat.

Das Wort »barmherzig« setzt sich zusammen aus Erbarmen und Herz. Die fünfte Seligpreisung ist eine Aufforderung, aus einem liebenden Herzen zu denken und zu verstehen. Ähnlich wie bei der Sanftmut ist das Gegenteil von Barmherzigkeit Härte und Ablehnung. Diese Eigenschaften erzeugen in der Seele Schmerzen und Traurigkeit.

Alle Botschaften der Seligpreisungen sind eine Schulung des Glücks von innen heraus. So auch dieser Satz. Jesus möchte den Menschen einen Schlüssel zur Glückseligkeit schenken und fordert uns hier auf, aus dem Herzen Liebe und Verständnis zu verströmen.

Wir haben das Privileg, in zwei Dimensionen zu leben: in der sichtbaren irdischen und in der unsichtbaren geistigen Welt. Diese beiden Zustände spiegeln sich in unserem Energiesystem, das – wie schon angedeutet – aus sieben Hauptzentren, den Chakras, besteht. Der zarte Lichtwirbel des Herzzentrums bildet die Mitte dieses feinstofflichen Chakrensystems. Die unteren drei Chakras sind mit dem Aufbau des physischen Körpers und den Bedürfnissen der physischen Welt verbunden, die oberen drei öffnen zum kosmischen Licht und transformieren Licht durch alle Chakras in unseren Körper hinein. Himmel und Erde wirken so harmonisch zusammen und machen den Menschen zu einem gesunden Wesen, bestehend aus Körper, Seele und Geist. Diese Harmonie kann jedoch nur erhalten bleiben, wenn das Herz-Chakra offen ist. Wenn es geschlossen ist, erzeugen Blockaden im Energiesystem bald gesundheitliche Störungen. Die Störungen können sich als organische Schwächen, als Schmerzen oder als allgemeines Unwohlsein bemerkbar machen, und Blockaden im Energiesystem sind immer die Ursachen von körperlichen Beschwerden. Die obigen Worte Jesu zeugen von tiefster Liebe und sind eine Aufforderung, frei von Beschwerden und Belastungen zu sein. Er möchte von innen heraus glückliche Menschen an sich ziehen.

Das physische Herz ist das Zentrum des Blutkreislaufes. Die Kraft der kosmischen Intelligenz formt die physischen Organe, hier im Herzen erfüllt sich das in allem wirkende Gesetz des Rhythmus. Rhythmus pulsiert im Ein und Aus des Atems, bei Tag und Nacht, Sommer und Winter, in Jugend und Alter usw. Lebendig und pulsierend ist alles, was lebt; nur Totes ist nicht mehr in Bewegung. Wenn sich das physische Herz rhythmisch bewegt, wie viel mehr muss das seelische Herz bewegbar sein! Ein verhärtetes Herz hat seine Beweglichkeit verloren. Nur ein weiches Herz kann barmherzig sein.

Liebe und Güte sind Prinzipien des himmlischen Lichtes. Es möchte durch den Menschen hindurch wirken und findet die Pforte der Verströmung in der Mitte des Menschen, eben im Herzzentrum. Hier spiegelt sich das Christuslicht, vergleichbar einem leuchtenden Diamanten. Ein liebendes Herz öffnet das ganze Energiesystem zum Licht – zum Atem Gottes. Der Atem Gottes kann dann pulsierend Licht bis in die kleinsten Bausteine des Körpers hineinschicken. Er durchströmt alles mit einer wunderbaren Intelligenz und steuert alle Körperfunktionen. Der Körper wird so jeden Tag reich beschenkt mit Lebenskraft, und die Seele badet im himmlischen Licht. Das seelische Befinden ist heiter und glückselig.

Je mehr von diesem inneren Licht nach außen verströmt wird, desto mehr fließt aus dem Kosmos zu. Durch ein barmherziges Leben, ein bewegliches Herz, leuchtet die Aura oder der feinstoffliche Körper auf in den schönsten Farben des Regenbogenlichtes, und der Schleier, der das Bewusstsein in der Dichte der Erde gefangen hält, kann sich langsam auflösen. So wird jeder barmherzige Mensch allein durch seine Anwesenheit, wo immer er sich aufhält, zum Segen für die Mitmenschen, denn er wandelt im kosmischen Licht und wird innerlich reich beschenkt durch die Barmherzigkeit des Allerhöchsten.

SELIG DIE BARMHERZIGEN, DENN SIE WERDEN
BARMHERZIGKEIT ERLANGEN.

MEDITATION

Ich lasse die fünfte Botschaft der Seligpreisungen in meinem Bewusstsein nachklingen:

SELIG DIE BARMHERZIGEN, DENN SIE WERDEN
BARMHERZIGKEIT ERLANGEN.

Ich stimme mich ein durch die sorgsame Betrachtung des Atems ...

Mein Körper ist entspannt und schwer. Ich lenke meine Aufmerksamkeit in meine Füße ... Sie berühren den Boden, ich fühle die sanfte, beruhigende Kraft der Mutter Erde in meine Füße einströmen und begleite den Energiestrom in meine Knie, mein Becken, in meine Brust, in die Arme bis in die Fingerspitzen ... Über mir ist ein strahlendes weißes Licht, es leuchtet heller als die Sonne ... Funkelnde Lichtatome umfluten mich und durchdringen alle Poren meines Körpers mit heilendem Licht ... In alle Zellen meines Körpers fließt ein wunderbares Fluidum von heilender Energie. Warme Wogen von entspannender Lebenskraft durchströmen mich vom Kopf bis zu den Füßen ... Jede Zelle meines Körpers wird neu belebt, neu programmiert. Jedes Atom meines Wesens schwingt im kosmischen Licht der Liebe und Barmherzigkeit.

Ruhig und entspannt richte ich meine ganze Aufmerksamkeit in mein Zentrum in der Mitte meiner Brust ... Ich stelle mir vor, dass hier in meiner Mitte ein wunderschön funkelnder Diamant leuchtet ... Zarte Lichtstrahlen von Liebe verströmen sich wie ein zartes Fluidum. Sie fließen aus meiner Mitte und verbreiten sich um mich herum ... Der Raum, in dem ich mich aufhalte, wird heller, und eine tiefe Freude verbreitet sich.

Ich denke liebevoll an andere Menschen und Lebewesen ... Diese Freude und die Liebe meines Herzens durchdringen alles, was ich mit meinem Bewusstsein berühre. Keine Grenzen sind gesetzt ... Das Licht des in mir funkelnden Diamanten erneuert sich in dem Maße, wie ich es verströme. Je mehr ich verschenke, desto mehr wird mir geschenkt ... Tiefe Dankbarkeit erfüllt mich für die Liebe und Barmherzigkeit der mich durchdringenden göttlichen Kraft.

SELIG DIE BARMHERZIGEN, DENN SIE WERDEN
BARMHERZIGKEIT ERLANGEN.

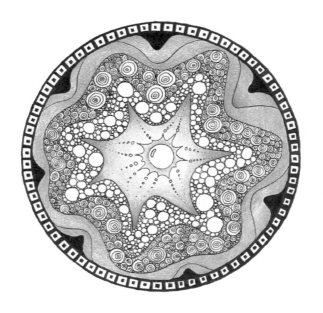

Selig, die reinen Herzens sind,
denn sie
werden Gott anschauen.

Die spirituelle Bedeutung des sechsten Satzes der Seligpreisungen weist auf die Möglichkeit der Erleuchtung hin. Jesus gibt den klaren Hinweis, dass sich das göttliche Licht nur in einer absichtslosen, bedingungslosen Liebe des Herzens manifestieren kann.

Das geheimnisvolle Himmelslicht ist tief in unserem Bewusstsein eingesenkt. Als weißes, strahlendes Licht kann sich uns die göttliche Kraft offenbaren – ein grandioses geometrisches Ordnungslicht. Es kann sich als strahlendes weißes Lichtkreuz oder als verschiedene Formen und Farben in der Mitte der Stirn – dem Dritten Auge oder Auge des Geistes – zeigen. Solche Lichtvisionen sind begleitet von einer unbeschreiblichen Glückseligkeit.

Die Botschaft Jesu in diesem wunderbaren Satz der Seligpreisungen weist darauf hin, dass wir aus dem Licht kommen und im göttlichen Geist und Licht leben. Durch seelische Klarheit und Liebe kann der Durchbruch zum Licht erfahren werden. Die Grenzen lösen sich dabei auf und es entsteht eine ekstatische Lebenslust. Nur aus einer bedingungslosen Liebe, aus reinem Herzen kann dieser geistige Durchbruch erfolgen, der das Gottes-Licht aufflammen und Seele und Körper in das Licht eintauchen lässt.

Ein reines Herz wächst durch die in Liebe geläuterte Seele, die ganz im Einklang mit dem Urlicht lebt. Ein reines Herz ist absichtslos, denn die Herzensreinheit stellt keine Bedingungen. Die Fülle einer lauteren

Liebe sprengt die Begrenzungen der Sinneswelt. Eine solche kraftvolle Liebe lässt die Seele aufleuchten im kosmischen Licht.

Nun gilt es alles zu vermeiden, was das Herz unrein macht! Unreinheiten sind Trübungen oder Blockaden im Herz-Chakra. Oft bildet ein Mangel an eigener Wertschätzung ein Gefühl von Ohnmacht im Herzen. Ein solcher Mangel kann zu Überempfindlichkeit gegenüber Kritik führen. Es kann aber auch sein, dass dieses Defizit an Selbstwert destruktive Gefühle von Eifersucht, Misstrauen oder Neid erzeugt. Bei solchen Gefühlen kann die Liebe des Herzens dann nicht zum Ausdruck kommen.

Jeder Mensch ist einzigartig in seinen Anlagen. Durch ein Bewusstwerden der individuellen Einzigartigkeit kann die Wertschätzung für sich selbst entwickelt werden. Ein gutes Selbstwertgefühl gibt den Mut, zu den eigenen Bedürfnissen zu stehen und auf die eigenen Gefühle zu achten. Niemand kann zudem für einen andern Menschen Entscheidungen treffen, denn jeder ist einmalig in seinen Bedürfnissen und Aufgaben. Wer ständig versucht ist, sich mit andern zu vergleichen, wird nur unglücklich.

Auch Gefühle von Trauer blockieren das Herzzentrum. Gewiss ist jedes Loslassen mit Trauer verbunden, doch sollte die Zeit die Wunden heilen. Tief im Innern ist das Wissen vorhanden, dass die Seele unsterblich ist und wir in Tat und Wahrheit Lichtwesen sind, die in der Kraft des allumfassenden Geistes vereint sind.

Der Schöpferwille hat in allem zwei Pole, so auch in der Geschlechtlichkeit, geschaffen. In der erotischen Anziehung zwischen zwei liebenden Menschen liegt ein enormes Potenzial zur Entfaltung der Herzensliebe. Der geliebte Mensch wird gerade in den Phasen des Kennenlernens in seiner Göttlichkeit erkannt und geschätzt. Darin liegt eine tiefe Erfüllung, und der ganze Reichtum des Lebens öffnet sich den wahrhaft Liebenden in Fülle.

Durch die Auflösung jeder Trennung können wir zusehends erkennen, dass alle Manifestationen ein Zusammenspiel vom allumfassenden Gottesgeist mit unserem Bewusstsein sind. Es wird uns bewusst, dass wir alle in einem immensen Lichtleib vereint sind, der weder Raum noch Zeit kennt. Wir leben mit der Seele und dem Körper im Lichtleib des kosmischen Christusbewusstseins, das absolute Liebe ist.

SELIG, DIE REINEN HERZENS SIND, DENN SIE WERDEN GOTT ANSCHAUEN.

MEDITATION

Ich lasse den sechsten Satz der Seligpreisungen in meinem Bewusstsein nachklingen:

SELIG, DIE REINEN HERZENS SIND, DENN SIE WERDEN
GOTT ANSCHAUEN.

Durch aufmerksames Betrachten meines Atems schwinge ich mich in einen entspannten und ruhigen Zustand ein ... Meine Füße sind mit dem Boden verbunden. Ich nehme meine Füße wahr, sie sind warm und weit ... Mein Becken ist entspannt und breit. Ich öffne mich dem kosmischen Strom fließender Lebenskraft.

Ich stelle mir vor, dass über mir eine strahlende Sonne scheint ... Lichtstrahlen umfluten und durchdringen mich vom Kopf bis zu den Füßen ... Ich stelle mir vor, dass ein kräftiger Lebensbaum durch mich hindurchwächst. An diesem Baum sind wunderschöne, farbige Blütenknospen, die ich jetzt wahrnehme und durch meine Vorstellungskraft anregen und aktivieren werde.

Tief in meinem Becken, an untersten Punkt des Leibes, öffnet sich eine kräftige rote Blüte ... Dieses warme Licht vibriert im ganzen Beckenraum, in meinen Beinen und Füßen ... Im Unterbauch öffnet sich eine orange Blüte. Oranges Licht vibriert in allen Teilen meines Unterleibes ... Im Oberbauch öffnet sich eine strahlend gelbe Blüte. Sie verbreitet ihr Licht in meinem oberen Verdauungsbereich ... In der Mitte der Brust öffnet sich eine rosarote Blüte, von grünen Blättern umhüllt. Das rosa Licht vibriert in meinem Oberkörper, fließt in die Arme und Hände. Alle Zellen vibrieren in diesem freundlichen rosaroten Licht ... In meinem Hals öffnet sich eine hellblaue Blüte und verbreitet dieses zarte Licht in meiner Halsgegend, in den Ohren und in meinem Nackenbereich ... In der Mitte meiner Stirn öffnet sich eine dunkelblaue Blüte. Das blaue Licht vibriert in meinem ganzen oberen Kopfbereich ... Der oberste Punkt des Kopfes öffnet sich wie eine wunderschöne, violette Blume zum Licht. Wellen von violettem Licht vibrieren in meinem Kopf und durchfluten meine Stirn ...

Alle meine Blüten haben sich jetzt zum Licht geöffnet. Mein Lebensbaum blüht wunderbar auf im kosmischen Liebeslicht, und die Blüten erstrahlen in diesem hellen Licht ...

Funkelnde Lichtatome strömen vom Kopf zum Becken und vom Becken hinauf zu meinem Herzen ... Aus dem Herzen strömt ein strahlend helles Fluidum ... Es umhüllt mich zärtlich als Energie von Liebe und Frieden ... Die funkelnden Lichtatome strömen durch die Wirbelsäule

hinauf in mein Drittes Auge in der Mitte meiner Stirn ...
Ich schaue ruhig und entspannt das himmlische Licht,
so wie es gewillt ist, sich mir zu zeigen ... Ich fühle mich
geborgen im Universum. Mein Vertrauen ist grenzenlos.
Ich liebe und werde unendlich geliebt.

SELIG, DIE REINEN HERZENS SIND, DENN SIE WERDEN
GOTT ANSCHAUEN.

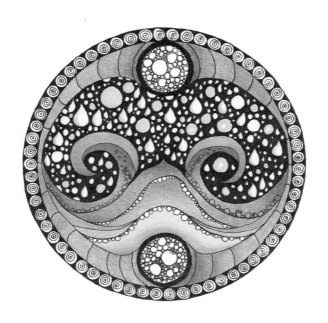

Selig die Friedensstifter,
denn sie werden
Kinder Gottes heißen.

Der siebte Satz der Seligpreisungen weist auf ein der ganzen Schöpfung innewohnendes Urprinzip hin, den Frieden. Frieden ist ein Zustand der Stille und Harmonie. Da alles in der Schöpfung in der Liebe wurzelt, unterstehen alle Schwingungsebenen diesem Prinzip des Friedens. Aus dem Urgrund allen Seins strömt demnach in Stille und Harmonie die Kraft des Friedens.

Das schöpferische Prinzip der Lichtverströmung ist Liebe und Frieden, und Liebe vereint, Liebe will zusammenführen und verbinden.

Der Gegenpol zu Frieden ist Zwietracht. Alles, was gegen das Liebesprinzip verstößt, schafft verdichtende, trennende Energiefelder. Die Worte Zwist, Zweifel, Zwietracht deuten auf solche Entzweiungen hin, auf Trennung und Absonderung. Unglücklich fühlt sich ein Mensch, der in Zwist und Streit lebt. In seinem Energiekörper bilden sich Störfelder, die den Fluss der Lebensenergie behindern und das seelische wie auch das körperliche Befinden verdüstern.

Alles in der Schöpfung hat seine Entsprechungen. Das Universum lebt in Frieden, die Sterne und das Planetensystem bewegen sich in Frieden und Harmonie. Jeder einzelne Mensch erfüllt erst durch den Zustand des Friedens die himmlischen Gesetze in dieser Welt. Wer in seinem Inneren von Harmonie und Frieden erfüllt ist, lebt im Einklang mit der geistigen Lichtwelt. Engel, die Ordnungshüter der geistigen Gesetze, können dann ihre Lichtstrahlen in die menschliche Aura einfließen lassen. Ein einziger Mensch schon kann in seiner Umgebung ein wahrer Segen sein, wenn er erfüllt ist von Frieden. Im Frieden leben bedeutet zugleich Öffnung zum Licht und Durchströmung der Seele und des Körpers mit Energie und Lebenskraft. Glückseligkeit erfüllt die Seele eines Menschen, der Frieden verbreitet. Im Einklang sein mit dem Urlicht Gottes – Kinder Gottes bleiben – gibt uns ein Gefühl unendlichen Glücks.

Wir leben jedoch in der Polarität. Wo Licht ist, da ist auch Schatten. Wie leicht entstehen Konflikte, und Frieden wandelt sich in Zwietracht! Hier gilt es, den Zustand der Einheit immer wieder herzustellen. Ein echter Friedensstifter ergreift nicht Partei für eine Seite. Er sieht und versteht die Nöte und seelischen Verletzungen beider Seiten. Ein echter Friedensstifter kämpft nicht gegen etwas: Er weiß, dass Kritik und Ablehnung negative Energien sind, die noch mehr Disharmonie erzeugen. Kein Friedensstifter stellt durch Kritik jemanden in ein schlechtes Licht oder zeigt auf die Fehler anderer – was ja meist Projektionen der eigenen Unzulänglichkeiten sind. Ein Friedensstifter hat kreative, konkrete Vorschläge, wie Harmonie und Liebe zueinander gefördert werden können.

Frieden fängt im eigenen Innern an. Sich selbst verzeihen ist oft schwieriger als einem anderen. Man setzt sich selbst Ziele und setzt sich unnötig unter Druck, die hoch gesteckten Ziele zu erreichen. Oft will es nicht so recht gelingen, was permanente Unzufriedenheit mit sich selbst auslöst. Oder man vergleicht sich mit anderen, und sofort schleicht sich ein Gefühl des Ungenügens ein, das den inneren Frieden und das Selbstvertrauen trübt. Im Frieden mit sich selbst leben heißt, demütig die eigene Unzulänglichkeit und Unvollkommenheit zu erkennen und anzunehmen. Der Alltag schenkt genügend Gelegenheiten, um Erfahrungen zu sammeln und daraus zu lernen. Nichts geschieht, was nicht seine Richtigkeit hat. Die höhere Gerechtigkeit bringt mit unendlicher Weisheit jene Lebenssituationen herbei, die notwendig sind, um etwas in der Seele zu heilen oder wieder gutzumachen oder um uns einfach näher zur göttlichen Einheit zu bringen. Die Seele findet meistens erst durch viele Prüfungen den Weg zurück zur Einheit.

Frieden in der Seele heißt Einverstandensein mit dem, was das Leben bringt. Ein vertrauensvolles Annehmen und Wissen, dass alles richtig und gut ist, so wie es ist, macht die Seele friedlich und frei. Aus dieser vertrauensvollen Gelassenheit heraus kann sich in der Seele Frieden und Harmonie ausbreiten. Man kann nur Friedensstifter werden, wenn die eigene Seele friedlich ist! Je mehr Verständnis wir für den tiefen Sinn des Lebens entwickeln, desto besser erkennen wir die Ursachen der Konflikte und können uns daraus lösen.

Zum Friedensstifter wird jeder Mensch, der Frieden in seiner Seele erlangt hat, denn der Seeleninhalt breitet sich weit um jeden Menschen aus. Wer Liebe, Güte und Frieden in dieser Welt verströmt, wirkt im Dienste des göttlichen Lichtes. Dies sind die wahren Kinder Gottes. Sie werden vom Lichte genährt, je mehr sie davon verbreiten.

SELIG DIE FRIEDENSSTIFTER, DENN SIE WERDEN
KINDER GOTTES HEISSEN.

MEDITATION

Ich lasse den siebten Satz der Seligpreisungen tief in meinem Bewusstsein nachklingen:

SELIG DIE FRIEDENSSTIFTER, DENN SIE WERDEN
KINDER GOTTES HEISSEN.

Ruhig und entspannt achte ich auf das regelmäßige Ein und Aus des Atems ... Tiefe Ruhe breitet sich in mir aus ... Mein Körper weitet sich und wird leichter. Ich achte auf die Berührung der Füße mit dem Boden ... Ich fühle, wie ein zartes weißes Licht von den Füßen in die Beine strömt. Es füllt mein Becken, meine Brust, die Arme und die Hände ... Über mir scheint eine strahlende Sonne ... Goldene Lichtatome strömen über meinen Kopf, über meine Schultern, über den Rücken in die Beine bis in die Füße. Das goldene Licht vereint sich mit dem weißen Licht und ich fühle einen wunderbar schützenden Lichtmantel um mich herum ...

Meine Aufmerksamkeit richte ich jetzt in die Mitte meines Seins, in mein Herzzentrum ... Hier, in der Mitte meines Herzensgrundes, fühle ich eine zarte Energie von tiefem Frieden. Diese Energie weitet mein Herz und strömt in meine ganze Umgebung ... Helles Licht füllt den Raum, in dem ich mich aufhalte. Es durchdringt alle Gegenstände, alle Wände und füllt das ganze Haus ... Keine Grenzen sind für diese wunderbare Lichtdurchströmung von Frieden und Freude gesetzt. Ich stelle mir vor, dass die ganze Gegend um mein Haus in diesem hellen Licht leuchtet ... Es dehnt sich weiter aus über das ganze Land, über den ganzen Kontinent – ja über die ganze Erde ... Die ganze Erde ist umflutet von diesem wunderbaren himmlischen Licht des Friedens ... Ich sehe die Erde friedlich und harmonisch im All, umhüllt und umsorgt von vielen Lichtwesen ... Lichtwesen sind bereit, in die Herzen der Menschen dieses Friedenslicht einzupflanzen ... Ganz besonders für diejenigen Orte und Menschen, wo Krieg und Not herrschen, bitte ich um liebevolle Hilfe und Unterstützung ...

Für alle Menschen, insbesondere für jene, die mir Schwierigkeiten bereiten, bitte ich um dieses Licht des Friedens und der Liebe. Ich stelle mir vor, wie dieses Licht den ganzen Körper derjenigen einhüllt und beschützt, an die ich jetzt denke ...

Ich empfinde tiefe Dankbarkeit und fühle mich bereichert und beschenkt durch diese meditative Betrachtung.

SELIG DIE FRIEDENSSTIFTER, DENN SIE WERDEN KINDER GOTTES HEISSEN.

Selig, die Verfolgung leiden um
der Gerechtigkeit willen,
denn ihrer ist das Himmelreich.

In diesem achten Satz der Seligpreisungen liegt eine Aufforderung, mutig die inneren geistigen Werte und Anlagen zu leben und zum Ausdruck zu bringen. Kostbar und einmalig ist jeder Mensch. Die Bedürfnisse und Aufgaben sind bei uns allen verschieden. Nur wir selbst können erkennen, wie – und in welchen Situationen – wir uns harmonisch und friedlich fühlen. Die eigenen Überzeugungen sollen mit Bestimmtheit gelebt werden, auch wenn sie von anderen nicht verstanden werden. Echte Spiritualität beinhaltet den Respekt vor jedem Menschen in seiner Einmaligkeit und in seinen Anlagen, und jeder sollte für seine innere Wahrheit und Gottesverbindung leben dürfen und von andern respektiert werden.

Verborgen in diesen liebenden Worten des Trostes liegt jedoch die Gewissheit, dass wir mit dem Bewusstsein gleichzeitig in der materiellen und in der geistigen Schwingungsebene eingebettet sind. Auf der geistigen Ebene gibt es keine Trennung. Hier sind wir ein Teil des Christuslichtes und mit allem und jedem verbunden. Diese Dimension ist unsere wahre, unsterbliche Realität. Die vordergründige Sinneswelt aus Licht und Schatten ist eine Schule zur Entfaltung des Seelenlichtes, eine Schwingungsebene, in der unser Bewusstsein schöpferisch mitwirkt. Diese zuvor beschriebene Magie des Alltags ist als ein schmales Spektrum des allumfassenden Gotteslichtes zu betrachten, in welches wir hier zeitlich und räumlich eingebunden sind. Aber das Ziel der Lebensschule ist eine geläuterte Rückkehr in die unsichtbare Lichtwelt der Liebe und des Friedens.

Es gilt hier, das Seelenlicht unter allen Bedingungen zu bewahren. Dies muss die wichtigste Aufgabe bleiben.

Gerechtigkeit ist die innere Wahrheit und Weisheit, die als geistige Fügung und Führung die Seele in diesem Erdenleben liebevoll begleitet. Auch Leiden kann Gerechtigkeit sein, denn wir kennen den großen Lebensplan nicht, der sich über Äonen unserer Erdenleben spannt. Das Vertrauen darauf, dass alles seine Richtigkeit hat, dass auch Leiden und Schmerzen zu unserem Entwicklungsprozess gehören, gibt der Seele eine innere Heiterkeit, die unerschütterlich ist. Nichts ist umsonst, denn Leiden schafft reinste Essenzen in der Entfaltung des Seelenlichtes. Und ohne Leiden wird nichts verändert im Leben. Leiden ist oft ein wunderbarer Wegweiser für die seelische Entfaltung.

Das Wissen um die karmischen Hintergründe, die wir hier Gerechtigkeit nennen, führt zu einem tiefen Einverstandensein mit dem, was ist, und mit dem, was uns vor Augen geführt wird. Manchmal werden wir innerlich berührt von aufwühlenden Emotionen, ohne ihren Ursprung zu kennen. Orte oder Menschen begegnen uns und geben ein vertrautes Gefühl, als kenne man sich schon lange oder als käme man nach Hause. Die Gerechtigkeit bringt uns mit Menschen in Kontakt, mit denen wir innerlich verbunden sind oder auch eine Aufgabe zu lösen haben. Leiden und Freuden sind nur zwei Seiten des Einen, nämlich einer tiefen Liebe, die die ganze Schöpfung als kosmisches Licht und mit unaussprechlicher Weisheit durchströmt.

Die Inkarnation der Seele in das irdische Gewand kann auch als Entzweiung oder Trennung betrachtet werden, denn es wird dabei ein Schleier über die echte Realität und über alles Vergangene gelegt. Die Lebensaufgabe fordert durch Lernen und Erkennen, die Trennung von der Einheit zu verringern, ja sie ganz aufzulösen. Prüfungen sind immer wieder zu bestehen. Verzeihen fängt bei sich selbst an, und das Verstehen ist bereits der Grundstein zum Verzeihen.

Gefangen in der vordergründigen Sinneswelt, kann es leicht geschehen, dass uns die feinstoffliche Welt verschlossen bleibt. Die Unwissenheit über geistige Dimensionen verleitet dann dazu, jene Mitmenschen zu verachten, die geistige Erfahrungen gemacht haben. Das innere Wissen über unsichtbare, geistige Dimensionen stößt oft auf Ablehnung in einer Welt, die sich nur am Materiellen und Beweisbaren orientiert. Enge Dogmen oder andere geistige Vorstellungen können leicht als Machtinstrument missbraucht werden, um damit Menschen zu verfolgen, die ihren eigenen Weg gehen.

Der Gottmensch Jesus und auch andere Gesandte Gottes haben uns Wissen über die geistigen Dimensionen und Gesetze vermittelt, die den Sinn des Lebens aus der Sicht des allumfassenden Geistes offenbaren. Wunderbare Botschaften, wahre Liebeserklärungen Gottes wurden uns gegeben über die geistige Lichtwelt und über die innere Entfaltung der Seele im Strom der göttlichen Weisheit. Seele und Körper werden zu Lebzeiten vom himmlischen Licht genährt. Das Himmelreich ist jene geistige Dimension unseres Bewusstseins, die ewig und unsterblich ist.

Die Seligpreisungen sind in Wahrheit Botschaften, wie man dieses jetzige Leben in Harmonie mit dem kosmischen Liebeslicht glücklich gestalten kann. »Denn ihrer ist das Himmelreich« bezieht sich auf das Hier und Jetzt. Das Himmelreich offenbart sich denjenigen Menschen, die gelernt haben, in die Stille des eigenen Inneren zu horchen.

Es gibt für den geistig Erwachten keine absolute Nacht mehr. Auch mit geschlossenen Augen leuchtet oft ein farbiges Regenbogenlicht oder das Licht der Engel. Sie umgeben uns jederzeit, und auf ihre Hilfe können wir uns verlassen. Sie dienen dem himmlischen Licht, in dem wir alle vereint sind. Der innewohnende Geist kennt keine Begrenzungen von Raum und Zeit, in Sekundenschnelle durchdringt er alle Räume. Die Nennung des Namens eines Menschen genügt, um in eine telepathische, geistige Verbindung zu treten, um Heilung oder Licht zu senden. Vereint im Christuslicht wirkt das Himmelreich durch uns hindurch.

Jesus möchte uns glücklich machen, uns von äußeren Verstrickungen befreien. Innere Stabilität und Frieden schenken der Seele Licht und Freude. Aus diesem Seelenlicht wird der ganze Körper mit heilender Lebenskraft durchströmt.

SELIG, DIE VERFOLGUNG LEIDEN
UM DER GERECHTIGKEIT WILLEN, DENN IHRER IST
DAS HIMMELREICH.

MEDITATION

Ich lasse den achten Satz der Seligpreisungen tief in meinem Bewusstsein nachklingen:

SELIG, DIE VERFOLGUNG LEIDEN
UM DER GERECHTIGKEIT WILLEN, DENN IHRER IST
DAS HIMMELREICH.

Durch die Betrachtung meines Atemstromes werde ich ruhig und entspannt ... Ich fühle mein Zentrum in der Mitte meiner Brust. Hier ruhe ich in der göttlichen Umarmung. Immer tiefer sinke ich ein in eine tiefe Entspannung ... Der innere Raum weitet sich ... Durch die Stille des Herzens werden meinem Bewusstsein Worte der ewigen Wahrheit eingegeben.

Ich ruhe in der Mitte meines Seins ... In der Mitte meines Herzensgrundes sprudelt eine Quelle von unbesiegbarer Freude ... Wie erfrischendes klares Wasser fließt diese Freuden-Quelle aus meiner Mitte ... Sie wächst zu einer erquickenden, reinigenden Lichtfontäne. Ich stelle mir vor, dass ich inmitten dieser Lichtfontäne stehe ... Alle Sorgen und Nöte werden durch die funkelnden Lichtatome von mir genommen und aufgelöst. Mit Leichtigkeit tanze ich in dieser wunderbaren Lichtquelle aus reinster Freude.

Ich stelle mir vor, dass ich in einem lichterfüllten Tempel bin ... Eine liebliche Lichtgestalt begleitet mich sanft zu einem bequemen Ruheplatz ... Alles ist für mich vorbereitet worden, als hätte man schon lange auf mich gewartet ... Mit sanfter Stimme spricht die Lichtgestalt über meine Lebensaufgabe ...

Ich fühle, dass meine Seele viele verschiedene Facetten aufweist. Manche werden nun vom geistigen Lichte angeleuchtet und Erkenntnisse blitzen auf. Die sanfte Lichtgestalt tröstet mich liebevoll, sie spricht zu mir über die himmlische Gerechtigkeit, die über unbeschränkte Zeiträume über mich wacht ... Jedes Leben bringt neue Erfahrungen, um meine Liebe zu stärken. Mit unendlicher Liebe werde ich durch dieses Leben begleitet. Tag und Nacht bin ich behütet und beschützt ... Mein Engel begleitet mich vom ersten bis zum letzten Atemzug – bis zur Vollendung meiner Lebensaufgabe. Dann nimmt er mich liebevoll in seine Arme und führt mich nach Hause, zurück ins himmlische Licht.

Bereichert durch diese himmlische Berührung bin ich wieder im Hier und Jetzt. Ich habe die Gewissheit, dass alles gut ist, so wie es im Moment ist! Kein Leiden ist umsonst! Der Himmel ist in mir und wirkt durch mich hindurch. Durch liebevolle Gedanken und Vorstellungen verstärkt sich das himmlische Licht in mir. Nichts kann

mein Vertrauen in die weise und liebevolle Führung
durch dieses Erdenleben erschüttern.

SELIG, DIE VERFOLGUNG LEIDEN
UM DER GERECHTIGKEIT WILLEN, DENN IHRER IST
DAS HIMMELREICH.

Selig seid ihr, wenn man euch
um meinetwillen schmäht,
verfolgt und euch lügnerisch
alles Böse nachredet.
Freut euch und frohlockt, denn euer
Lohn ist groß im Himmel. Ebenso
hat man ja auch die Propheten
verfolgt, die vor euch lebten.

Diese Seligpreisung schließt an die vorhergehende an und richtet sich direkt an Jesu Anhängerschaft und Schüler.

Jesus war ein vollkommener jüdischer Meister, der ohne Begrenzung mit der geistigen Welt kommunizieren konnte, einer Welt, in der Zukunft und Vergangenheit eine Einheit sind. Er wusste um die Schwierigkeiten, die ihm, seinem Volk und seinen Anhängern bevorstanden, und um seine wichtige Lebensaufgabe. So ist dieser letzte Satz der Seligpreisungen auch als prophetische Vorausschau auf sein Schicksal und das seines Volkes, seiner Schüler und Freunde zu verstehen.

Trotz aller irdischen Schwierigkeiten und Missverständnisse tröstet er seine Zuhörer und stärkt sie im Glauben an eine ewige, von irdischen Nöten unabhängige Glückseligkeit. Der geistige Weg, in inniger Verbindung und im Vertrauen in die geistige Führung, ist ein Weg der Freude. Der Mut zur inneren Wahrheit lässt alle äußeren Anfeindungen verblassen. Spirituelle Erfahrungen geben immer wieder das Vertrauen, dass hinter allem geistige Gesetze des Lichtes und der Liebe walten.

Kosmisches Licht bewirkt jene Glückseligkeit, die alle Nöte mindert. Seelischer Frieden ist unabhängig von der Anerkennung anderer. Der individuellen inneren Wahrheit verpflichtet, wächst in uns die Unabhängigkeit und Gewissheit, eine Lebensaufgabe zu erfüllen, deren Ziel es ist, das Licht der Liebe auf dieser Erde zu verbreiten. Ein gutes Selbstwertgefühl und Liebe zu sich selbst wie auch zu anderen helfen dabei. Je mehr die Einheit des Geistes geübt wird, desto uneingeschränkter kann die Kraft des Geistes zur Freude aller wirken. Dann fließen die Ströme des Lichtes in den Körper hinein und bewirken Lebensfreude und Wohlbefinden.

Aus dieser Kraft schöpfen Menschen, die gelernt haben, nach innen zu lauschen. Nicht das Streben nach Prestige und Anerkennung macht Menschen glücklich: Es sind vielmehr Momente der Achtsamkeit und das bewusste Wahrnehmen des Augenblicks. Erst Stille und Ruhe öffnen die Seele zur kosmischen Weisheit. Kreativität und Intuition wachsen nicht auf dem Nährboden des intellektuellen Denkens, sondern aus Momenten des Nichtdenkens. Schöpfen aus der Allweisheit heißt Informationen empfangen, die unabhängig von Raum und Zeit in der allumfassenden Weisheit des kosmischen Lichtes enthalten sind. Die ewigen Gesetze des Schöpfers werden durch Menschen verbreitet, die wie ein leeres Gefäß diese geistigen Informationen in aller Stille empfangen können.

Sehr häufig stoßen vom Geist Gottes erfüllte Menschen auf heftige Ablehnung bei denjenigen, die diese Verbindung nicht kennen. Das war schon immer so, heute wie in früheren Zeiten. Verständnis und Liebe schenken die notwendige Gelassenheit, auch Kritik, Leid und Not zu ertragen. Unwissenheit über die unsichtbare, geistige Dimension erzeugt bei vielen Menschen Misstrauen, Vorurteile und Ängste. Damals wie heute gibt es subtile wie auch grobe Methoden, um alles, was mit echter Mystik zu tun hat, in Frage zu stellen. Geistige Werte und Begabungen stoßen auch in unserer Zeit vielfach auf heftige Kritik, meistens aufgrund von Mangel an eigenen Erfahrungen! Für den geistig Erwachten jedoch sind diese Verfolgungen verständlich und lösen Mitgefühl und Verständnis aus.

Das Leben führt immer wieder durch Phasen von Licht und Dunkelheit. In Prüfungen und Krisen fühlt man sich meist in Dunkelheit gehüllt, und doch sind sie wichtige innere Wachstumsphasen. In solchen Zeiten des Leidens wird meistens nicht erkannt, dass die widrigen Umstände für das seelische Wachstum ein Segen sind. Erst später, nach der Überwindung der Prüfung, wächst diese Erkenntnis. Leiden wird geschickt und ruft nach Korrektur und Transformation. Leiden schleift das Seelenlicht wie einen Diamanten, der immer klarere Facetten erhält, damit das Licht leuchtender reflektiert wird.

Nach jeder Nacht geht morgens die Sonne wieder auf. So waltet das göttliche Licht über allem. Lebensfreude und Glückseligkeit sind die ausgesandten Lichter, in jedem Menschen, in allen Lebewesen und in allen tanzenden Atomen dieser wunderbaren, intelligenten Schöpfung.

Selig seid ihr, wenn man euch
um meinetwillen schmäht, verfolgt und euch
lügnerisch alles Böse nachredet.
Freut euch und frohlockt, denn euer Lohn
ist gross im Himmel.
Ebenso hat man ja auch die Propheten verfolgt,
die vor euch lebten.

Nachwort

Ich möchte Ihnen, meine Leserinnen und Leser, nicht vorenthalten, unter welchen Bedingungen ich die Aufgabe erhalten habe, über die Seligpreisungen zu schreiben.

Damals, während meiner Reise in Israel, auf dem Berg der Seligpreisungen, war ich von unserem jüdischen Reiseleiter ausgewählt worden, die Seligpreisungen der Bergpredigt vorzulesen. Zufall? Sicher nicht. In meinem Innern wusste ich, warum gerade ich diese Zeilen des Trostes der Reisegruppe vorlesen durfte. Es waren ja nur kurze Sätze, doch spürte ich schon lange vor dieser Reise, dass eine große Weisheit in diesen Worten verborgen ist. Seit längerer Zeit schon hat dieser Bibeltext eine mächtige Faszination auf mich ausgeübt. Ich versuchte oft in der Stille den tiefen Sinn darin zu verstehen, aber ich konnte die Inspirationen nicht in Worte kleiden.

Als die Worte, die ich vorgelesen hatte, verklungen waren, hatten wir genügend Zeit, jeder auf seine Weise, diesen besonderen Ort zu genießen. Sie erinnern sich: Ich saß lange allein auf einer Bank und sinnierte über die Gottesnähe in dieser Gegend und über die vielen geschichtlichen Ereignisse, die hier auf diesem heiligen Boden stattfanden. Darüber habe ich Ihnen im Vorwort berichtet. Danach begab ich mich ins Innere der Kirche. Dort ließ ich mich auf eine Seitenbank nieder, und plötzlich wurde ich wieder von dieser unaussprechlichen Sehnsucht und Gottesnähe ergriffen. Ich fragte in meinem Inneren: »Jesus, mein Meister, was soll ich tun, was ist meine Aufgabe?« Die Antwort kam umgehend: »Du weißt, was du zu tun hast.« Diese Worte von kompromissloser Klarheit erschreckten mich, denn so klar war mir dort und damals noch überhaupt nichts! Ich wagte meine Zweifel über meine Aufgabe anzubringen. Ich zweifelte an meiner Fähigkeit, die Seligpreisungen richtig zu interpretieren. Umgehend bekam ich zur Antwort: »Ich werde dir dabei helfen.« Noch heute kommen mir Tränen, wenn ich darüber nachdenke, denn es sind ja nicht nur Worte, die eingegeben wurden. – Sie waren begleitet von gewaltigen Wogen von Liebe, die meine Seele zu tiefst berührten und bewegten.

Als ich mich dann mit dem Vertrauen auf Hilfe an die Arbeit machte, merkte ich, dass ich mich nur hinzusetzen brauchte, um alles niederzuschreiben, was mir eingegeben wurde. So entstand dieser Text. Ich bin überzeugt, dass die einstigen Worte Jesu für uns heutigen Menschen noch die gleiche Wahrheit enthalten wie damals. Es sind ewige Wahrheiten und Worte des Trostes und der Liebe. DIESE EWIGEN WAHRHEITEN SIND EINE ECHTE SCHULUNG DES GLÜCKS UND DER LEBENSFREUDE.

Wir wissen, dass trotz Hass, Hektik, Stress und Unruhe tief in uns allen jener leuchtende Diamant schlummert, der uns wie ein Lichtstrahl mit dem göttlichen Urlicht verbindet, und dass wir hier Ruhe und Geborgenheit finden. Dieses Zentrum bewirkt ein wohltuendes Ausruhen in der göttlichen Umarmung, für uns alle – unabhängig, zu welcher Religion wir uns bekennen.

Ganz besonders dem Heiligen Land, in dem die Gottesnähe so stark spürbar ist, mögen die Seligpreisungen immer wieder Trost und Hoffnung auf ein friedliches Zusammenleben schenken. Die Gewissheit, dass wir alle im Licht eine große Einheit bilden, könnte dort das Vertrauen der Menschen untereinander stärken und Friedenszweige in die Herzen aller Parteien legen. Mögen die Engel dieses Land mit ihrem Lichte ganz besonders schützen und die heiligen Orte vor Zerstörung bewahren!

Ich wünsche diesem Land Frieden und Ihnen, liebe Leserinnen und Leser, seelische Heiterkeit und Freude! Möge das Verankertsein in lichtvollen, geistigen Werten Ihr Vertrauen stärken und Sie sicher durch die Herausforderungen dieser Zeit führen. Mögen Sie glücklich sein!

Trudi Thali, Vitznau

Danksagung

Meine geistigen Helfer haben mich mit lieben Menschen zusammengebracht. Ihnen, meinen himmlischen Helfern, möchte ich vorab danken für die liebevolle Führung durch dieses Leben. Sie haben mir immer wieder den Weg geebnet und viele wundersame Zeichen gegeben.

Zu den liebevollen irdischen Helferinnen gehört Karin Vial. Sie hat wesentlich zum guten Gelingen dieses Buches beigetragen. Mit fachlicher Kompetenz hat sie mich als Freundin und Lektorin immer wieder ermutigt und gestärkt. Von Herzen danke ich ihr für ihr Einfühlungsvermögen und ihre sorgfältige Unterstützung.

Mein besonderer Dank gilt meiner Tochter Alexandra Fink-Thali für ihre Zeichnungen, die zur Freude des Auges die Texte bereichern.

Danken möchte ich Bruno Thali, meinem Ehepartner, der mir eine Reise durch das Land der Bibel geschenkt hat, die mich unendlich bereichert hat.

Dem Reiseleiter Dunio aus Israel danke ich für seine kompetente Begleitung unserer kleinen Gruppe im November 2000. Seither habe ich immer wieder das Bedürfnis gehabt, mit kleinen Gruppen das Heilige Land zu besuchen. Die Gottesnähe auf diesem heiligen Boden erfüllte alle Teilnehmer meiner Reisen mit tiefer Dankbarkeit.

Über die Autorin

Trudi Thali, sensitive Heilerin, Autorin und Seminarleiterin, lebt in Vitznau am Vierwaldstättersee in der Schweiz. Starke Transformationserlebnisse führten sie auf den spirituellen Weg. Ihre besonderen Fähigkeiten liegen im hellfühlenden Wahrnehmen des energetischen Zustandes von Mensch und Natur. Durch ihre jahrelange Arbeit als Therapeutin in eigener Praxis hat sie viele Erfahrungen sammeln dürfen, die sie in verschiedenen Werken veröffentlichte.

Trudi Thali hat mit ihren Büchern vielen Lesern neue Erkenntnisse über Spiritualität und Heilen vermittelt. Ihre geführten Meditationen auf CDs sind gerade in der heutigen Zeit Balsam für die Seele. Über viele Jahre hat sie zudem interessierte Therapeuten und Laien in dem von ihr entwickelten System der Lichtbahnen-Therapie ausgebildet. Ihr Buch Lichtbahnen-Heilung ist bislang in zehn Sprachen erschienen. Ihr Lebenswerk wird von lichterfüllten Therapeuten und Seminarleitern weitergeführt.

Trudi Thali, CH-6354 Vitznau
www.trudi-thali.ch /
info@trudi-thali.ch

Literaturhinweise

Bücher

Die Heilkraft der Maria, Verlag Trudi Thali 2015
Das Geheimnis der Lichtbahnen-Heilung, BoD Verlag 2014
Göttliche Verzauberung, BoD Verlag 2012
Lichtbahnen-Heilung, Windpferd Verlag 2002
Lichtbahnen-Selbstheilung, Windpferd Verlag 2004
Heilung durch innere Bilder, Windpferd Verlag 2010
Lichtbahnen-Fernheilung, Windpferd Verlag 2007
Das Vaterunser als Chakra-Meditation, 5. Aufl. 2007
ISBN 978-3-9522439-4-7, Verlag Trudi Thali
Die Offenbarung des Johannes, Verlag Trudi Thali 1998

DVD und Kartenset

Lichtbahnen-Heilung, Lern-DVD zum Buch,
ISBN 978-3-9522439-8-5
Lichtfunken – Kartenset mit Engelbotschaften, Windpferd
Verlag, ISBN 978-3-89385-421-9

CDs mit geführten Meditationen

Die 8 Wege Jesu zum Glück, ISBN 978-3-9523206-1-7
Entfaltung des Lichtbewusstseins, ISBN 978-3893854721
Heilendes Licht, ISBN 978-3-9522439-6-1
Entfaltung zum Licht, ISBN 978-3-9522439-7-8
Das Vaterunser als Chakra-Meditation, ISBN 978-3-9522439-3-0
The Lord's Prayer as a Chakra Meditation,
ISBN 978-3-9523206-4-8
Sanctus-Vision, ISBN 978-3-9522439-0-9
Das Gebet des Heiligen Bruder Klaus, ISBN 978-3-9522439-1-6

Eine Auswahl aus Trudi Thalis Werk

Die CD als Ergänzung zum vorliegenden Buch

CD *Die 8 Wege Jesu zum Glück*
Inspirationen aus der Bergpredigt

ISBN 978-3-9523206-1-7
Die Seligpreisungen sind das Herz-
stück der Bibel. Die CD mit von Trudi
Thali persönlich gesprochenen Meditationen und musikalischer
Untermalung vertieft das Buch. Die acht Seligpreisungen wer-
den zu einer berührenden Erfahrung.

Buch *Die Heilkraft der Maria*
Weibliche Energie für die neue Zeit
ISBN 978-3-9523206-5-5
Eine liebliche Statue der Gottesmutter steht im Mittelpunkt des Buches.
Trudi Thali nimmt Sie mit auf eine
Reise von den Göttinnen vorchristli-
cher Kulturen bis in unsere Zeit und
eröffnet Ihnen den Zugang zu den
Symbolen und der mütterlichen Kraft
der Gottesmutter Maria. Strahlenkleid und der Sternenkreis erinnern an die apokalyptischen Visionen des Johannes. Weisheit,
Empathie und Heilen entsprechen dieser passiven und doch
kraftvollen weiblichen Energie. Ihre sanften Strahlen sind in
unserer hektischen Zeit eine Quelle der Ruhe, Entspannung
und des Friedens.

CD *Das Vaterunser als Chakra-Meditation*
Ein Schlüssel zur kosmischen Lichtkraft
ISBN 978-3-9522439-3-0
Auf dieser CD wird das Vaterunser mit den sieben Chakras verbunden und so ganz bewusst aus der eigenen seelischen Tiefe heraus körperlich erlebbar. Der Meditierende erfährt eine neue ganzheitliche Form des Betens mit Körper, Seele und Geist. Die Chakras werden aktiviert und für eine neue kraftvolle, spürbare Lichtdurchflutung geöffnet. Die begleitende sanfte Musik wurde eigens für diese Meditation komponiert: Jeder Ton ist in Harmonie mit der Schwingungsebene des entsprechenden Chakras.

CD *Das Gebet des Heiligen Bruder Klaus*
Heilende Lebenskraft für Körper und Seele
ISBN 978-3-9522439-1-6
Mein Herr und mein Gott. Nimm alles von mir, was mich hindert zu Dir!
Mein Herr und mein Gott. Gib alles mir, was mich fördert zu Dir!
Mein Herr und mein Gott. Nimm mich mir und gib mich ganz zu eigen Dir!
Die Worte dieses Gebetes werden in der vorliegenden, geführten Meditation zu einem lichtvollen Erlebnis. Sanfte Musik, die speziell für diese Meditation komponiert wurde, ermöglichen in Verbindung mit den Worten eine tiefe Entspannung und Heilung. Das Mandala des Heiligen Bruder Klaus schenkt eine innige Verschmelzung mit der Sphäre des göttlichen Lichtes. Wogen von Licht und Liebe werden ausgegossen. Körper und Seele werden durchströmt von heilender Lebenskraft.

CD *Entfaltung zum Licht*
ISBN 978-3-9522439-7-8
Drei geführte Meditationen
→Vom Reich der Elfen ins Licht
→Höhle des alten Weisen
→Von der Bergwiese ins Licht

CD *Heilendes Licht*
ISBN 978-3-9522439-6-1
Drei geführte Meditationen
→Seelen-Kapelle
→Heilendes Lichtwasser
→Funkelnder Christusdiamant

Lassen Sie sich von Trudi Thali in die höheren Sphären des Lichtes führen. Sprache und Musik ergänzen sich in diesen lichtvollen Meditationen zu einer starken, heilenden Kraft und strömen in Ihre Seele wie ein wohltuender Balsam. Die inneren Bilder bringen Ihr Lichtbewusstsein zur Entfaltung, und Ihre Lichtbahnen werden durchströmt von der mächtigen Kraft des Christus-Lichtes. Körper und Seele werden durchflutet von heilendem Licht.
Effatha: Öffne dich zum Licht!

CD *Sanctus-Vision*
Zur Quelle des Lichts
ISBN 978-3-9522439-0-9
Liebevoll und sanft öffnet diese Medit-
ation die Tore zum inneren Selbst. Die
kontemplative Betrachtung der eigenen
Seelenbilder vermittelt neue Einsichten in das Potenzial der eige-
nen inneren Vielfalt. Über eine ergreifende Licht-Vision gelangt
der Hörer zur höchsten Transzendenz, zum inneren Sanctus.
Göttliche Liebe verströmt sich und wirkt als unerschöpfliche
Kraftquelle weiter. Die Verbindung mit dem göttlichen Lichts-
strahl bringt nachhaltig heilende Energie für Körper, Seele und
Geist.

DVD *Lichtbahnen-Heilung* (deutsch/
englisch)
Die Spirituelle Meridiantherapie – eine
Heilweise für das 21. Jahrhundert
ISBN 978-3-9522439-8-1
Diese sehr populäre und beliebte
DVD ist als Lern-DVD konzipiert.
Sie zeigt Ihnen, wie die Ströme des
Lichts (das Ch'i) den Körper durch-
fluten, wie Blockaden im Energiesystem aufgelöst werden und
wie in einfachen Schritten durch sanftes Berühren Licht und
Lebenskraft wieder zum Fließen gebracht werden können. Die
DVD dient als visuelle Einführung in die Lichtbahnen-Hei-
lung, als Ergänzung zur Therapie oder einfach dazu, die hei-
lende Kraft bei der Betrachtung der Lichtbahnen-Behandlung
zu fühlen.

Buch *Lichtbahnen-Heilung*
Die Öffnung und Heilung des Lichtkörpers mit der spirituellen Meridianbehandlung
ISBN 978-3-89385-466-0
Dieses wichtige Buch vermittelt alle Grundlagen zur Lichtbahnen-Heilung. Lichtbahnen sind jene geheimnisumwobenen Energiekanäle, die wir aus dem alten China und der Traditionellen Chinesischen Medizin kennen. In der Lichtbahnen-Heilung werden die Energien durch sanftes Berühren des Körpers mit den Händen wieder zum freien Fließen gebracht. Die Lebenskraft kann so die Lichtbahnen wieder durchströmen und den Körper mit Lichtenergie versorgen. Trudi Thali führt Sie mit diesem Buch klar und auch für den Laien nachvollziehbar in die Grundlagen dieser sanften und höchst effizienten Heilweise ein. So lernen Sie, wie diese Energiebehandlung Beschwerden seelischer und körperlicher Art lindern kann und zugleich Ihre eigene spirituelle Entfaltung begleitet.